阅读成就思想……

Read to Achieve

治愈系心理学系列

陪你的 情绪
坐一坐

许新颜◎著

中国人民大学出版社
·北京·

图书在版编目（CIP）数据

陪你的情绪坐一坐 / 许新颜著. -- 北京：中国人民大学出版社，2024.4
ISBN 978-7-300-32519-4

Ⅰ．①陪… Ⅱ．①许… Ⅲ．①人际关系学－通俗读物 Ⅳ．①C912.1-49

中国国家版本馆CIP数据核字(2024)第008664号

陪你的情绪坐一坐

许新颜　著

PEI NI DE QINGXU ZUOYIZUO

出版发行	中国人民大学出版社		
社　　址	北京中关村大街 31 号	邮政编码	100080
电　　话	010-62511242（总编室）	010-62511770（质管部）	
	010-82501766（邮购部）	010-62514148（门市部）	
	010-62515195（发行公司）	010-62515275（盗版举报）	
网　　址	http://www.crup.com.cn		
经　　销	新华书店		
印　　刷	天津中印联印务有限公司		
开　　本	890 mm×1240 mm　1/32	版　次	2024 年 4 月第 1 版
印　　张	7.125　插页 1	印　次	2024 年 4 月第 1 次印刷
字　　数	104 000	定　价	59.80 元

版权所有　　　侵权必究　　　印装差错　　　负责调换

推荐序一

认识新颜老师许多年了，我们一起参加过好几场心理健康相关的公益活动。尽管我们共处同一座城市，但能够见见面聊聊天其实是一件很奢侈的事情。我所认识的新颜老师，极具静气和定力，像镇静剂，天生拥有心理咨询师的气质。她看你的眼神，平和而温暖，尽是鼓励与期待，不会让你产生哪怕一丝的压力，当然你也感受不到一丝慌乱和迷离。听她说话，绝无喧嚣之感，云淡风轻，徐缓而坚定，不做作也不矫情，让你踏实，也能感觉她的可任、可托和可信。十多年来，她醉心于临床心理咨询，心无旁骛，波澜不惊。以一个普通人的视角来看，她不属于心理咨询师中高不可攀、深不可测的那一类。

本书没有过多着墨于艰涩的心理学理论，而是呈现作者自己的亲身经历和一个个案例场景，以自身多年来的体验、观察、反思，给读者带来了感受情绪的新的视角。虽没有讲述理论，却处处彰显出作者良好的理论素养、坚实的理论功底。这些来源于作者十余年对心理咨询实践的执着追求，以及对人性、人心的不懈探索，来源于对心理学理论的深刻理解与灵活应用。这种写作风格让本书阅读起来轻松愉快，饶有趣味，让人欲罢不能。

本书没有高高在上空泛地教导读者应该如何如何，而是始终以一种平和的心态做平等的交流与分享。毫无疑问，在这方面作者是一位专家。但读过此书，你会觉得她更像一位邻家小姐姐，与你聊天，与你交流分享她的心得。她并非一定要说服你，更不是要把某些东西硬塞给你，她所做的只是分享、只是述说，就好像将一段心路历程、一些感悟说与你听，没有任何功利。在交流与分享的过程中，邀请你探索自身、体会自己的情绪和感受，获得属于自己体验层面的深层领悟。

作者没有视情绪如洪水猛兽，也没有告诉你该如何降龙伏虎般地去控制情绪。阅读全书后你会感受到，作者对待情绪和感受最核心的态度还是体现在"相处""体验"和"理解"上。

作为最早也是最幸运的读者，读完此书让我获得不少启示：第一，腾出一间小屋接纳我的情绪。不管它多么不堪，无法言说，也不管它多么纠缠我、困扰我、迷惑我，因为它属于我或者曾经属于我。第二，划出一块空地培育我的情绪。我不能无视或者放逐自己的情绪，而需要与它同甘共苦、美美与共，给它阳光雨露，浇水施肥，也让它经受暴风骤雨、冰刀霜剑，让酸甜苦辣伴随着它的分化和成长，也让我能够学会识别它、觉察它、体验它、表达它和利用它。第三，安排一段旅程陶冶我的情绪。旅程中，有柴米油盐，也有烟酒诗画；有无忧少年的鲜衣怒马，有烟火人间的郎情妾意，也有饮食男女的意乱情迷；有一览众山小的豪情，也有逝者如斯夫、回天乏术的无奈。与情绪结伴而行，会因挂在草叶上的露珠而感动，也能因山崩于前而不惊。第四，准备一腔热血融入我的情绪。血液中融入情绪，肉体才有了灵性，灵魂才有了血性。人生是经历和体验的集合。如果你愿意，就让爱憎分明，让喜怒形于色，让世界姹紫嫣红，让生活五光十色，不必躲闪和遮掩。

诚意向心理相关专业工作者以及感兴趣的社会公众推荐此书。以我自己的感觉，这本书需要慢慢品读，反复品读，不要急于读完，不要读得太快，就像喝广东人煲的汤，越品越出味；也不要急于收获什么，更多地集中在自己的阅读体验上，试着放下自己原有的认知，感受作者讲述情绪的另一个角度、另一种态度和另一种方式，从而丰富和延长自己的认知。

以上，是为序。

刘铁榜

南方科技大学教授、博士生导师

中国医师协会精神科医师分会副会长

粤港澳大湾区精神科医师联盟主任委员

深圳市精神卫生中心、深圳市康宁医院前任院长

推荐序二

倾听情绪的故事和歌声

许老师的这本书的书名起得很好,"陪你的情绪坐一坐",好像情绪就是一个客人,一个客体,既然是不请自来的不速之客,就像歌里唱的那样,"朋友来了有好酒,若是那豺狼来了,迎接它的有猎枪"。这里有一个待客之道,即对待情绪的态度,而本书贯彻到底,反复表明的是中立、平和的态度:识别情绪,了解、理解情绪,以合理的方式表达情绪,而不是否认、压抑,或者视情绪为敌人,企图战胜、控制情绪。

"坐一坐",坐在哪里呢?至少得有个一室一厅,意思是要有一个空间,而且这空间是有功能分区的。处理情绪不仅需要涵容的功能,也需要有缓冲地带,有时不能直接裸露在情绪的冲击之下……

本书对情绪的相关议题，如情绪的表现、功能，情绪的表达等，一一娓娓道来，读者也像是被许老师迎坐在会客室，诉说和倾听那关于情绪的故事。

本书的第二部分花了很大篇幅介绍人际互动中的情绪，情绪与人际关系有着复杂的关联。《庄子·山木》中写道："方舟而济于河，有虚船来触舟，虽有惼心之人不怒；有一人在其上，则呼张歙之；一呼而不闻，再呼而不闻，于是三呼邪，则必以恶声随之。向也不怒而今也怒，向也虚而今也实。"这则"虚舟"的故事说，如果被一条空船撞上，即使小心眼多的人也不会发怒；如果不是空船，船上有人，情形则不然。这是我们可以想见与理解的经验，说明情绪与人而不是与事情有更深更复杂的关系。

再说一个日常生活中的情景。小孩不小心摔倒了，如果抬头看妈妈不在，他或许会自己爬起来，继续玩耍，像没事一样。一会儿当妈妈过来，他很可能扑在妈妈怀里哭了，像受了很大委屈似的。如果妈妈一直没有回来，或者回来了也没能及时地回应孩子的哭诉，情绪的表达可能因此被阻隔了，情绪成了问题。心理咨询中大概也有类似的成分，每周见心理医生之前的情绪也被积攒着，等待着诉说。看似很简单的现象，其中包含的心理活动却很丰富，不那么容易说清楚，但本书作者却在努力把这些说得晓畅明白。至少我们可以看到，情绪意味着连接，期待着并指向了一个可以涵容的母亲。在母亲的滋养之下，我们所内化的是关系，以及关系所具有的各种功能。

古罗马诗人尤维纳利斯有诗曰"愤怒出诗作"，后来经马克思妙改为"愤怒出诗人"。愤怒出诗作、出诗人，有两层意思，情绪可以通过文学艺术性的方式表达；在愤怒的表达过程中诞生了一位诗人，一个独特的主体。本书写的是情绪，所关切的则是人，是以活生生的人为中心言说流动的情绪，而不是把情绪从人身上剥离下来作切片观察。

且看书中的一个例子。如果妈妈对孩子这样说："妈妈真的很在意你的成绩，你考不好的时候妈妈确实有些失望，妈妈确实希望你考上更好的大学，但是妈妈害怕这会让你更有压力，所以很努力地装作不在意。你考得不好并不真的是你不好。"当妈妈以如此的方式与孩子交流，孩子体验到的是真情实感，亲子关系的质量很高，同时，我们也可以看到妈妈的表达就是一首诗啊，稍稍改动一下就可以变成诗的形式：

妈妈真的很在意你

所以我对你有希望

所以我经常失望

所以我很害怕

害怕给你压力

所以我装作不在意

…………

妈妈的确是一个诗人，在吟唱来自爱的歌。

吴和鸣

中国地质大学（武汉）学生心理健康教育中心副教授

中国心理学会注册督导师

推荐序三

情绪是人类存在的证据。当情绪之火熄灭时,我们作为一个独一无二的人的存在就失去了根基,我们的精神心理痛苦,几乎无不是与情绪无关的。我们感知到的情绪,总是会在我们没有觉察到时就受到某种文化的调节,而我们想了解自己的真正情绪,就需要绕开这些调节,直接体会这些情绪对我们意味着什么。看清表层情绪下的情绪丛林才是发展情商的核心。

本书作者提到的"停一停,与情绪友好相处",是每个人可以尝试的一种方式。停下来,体会和接纳我们作为一个独立的个体属于自己独一无二的情绪和感受,发自内心深层次地尊重这些真实的情绪和感受,花时间和心力照料自己的情绪秘密花园,是认真对待自己的一种方式。因为只有当人的情绪变得稳定时,才能更容易展现内在的丰富性。当我们读懂了自己的情绪,我们的内在世界也将变得光明，我们的情绪也不会再轻易地被他人左右，我们的行为、处事方式也会随之变得更加得当。

同时，作为心理咨询临床工作者，面对情绪和感受是非常重要的工作维度，探索情绪背后的秘密更是治疗的关键。

推荐每一个对自己和他人感兴趣的人阅读此书，借助作者的文字，体验和理解自己独一无二的情绪和感受。

张沛超

哲学博士

中国心理学会临床心理学注册系统督导师

中国心理卫生协会精神分析专业委员会委员

前 言

善待情绪就是善待你自己

打开这本书的你,内心一定有所期待,想对自己和他人的情绪有一份更多维、更深入的了解和认识。

作为一名拥有 12 年工作经验的专职心理咨询师,我带领"情绪体验觉察小组"也已经进入第九个年头了。

我想把这些年来在临床工作中以及面对自己时对情绪的一些体悟,跟大家深入地聊一聊。我更希望能通过此书让你与自己的情绪有一个深度的碰撞,并对他人的情绪有一些更深层次的涵容与接纳。

此时,我很想知道正在阅读这本书的你平时是怎样对待自己的情绪和感受的，或许此时的你还不知道该怎么回答我。

写到这里，我想起了 2022 年春节时朋友跟我分享的他的故事。

大年初三那天，一位多年的朋友打电话给我，说自己已年近 50 岁了，在工作中有很多心得和体会，很想把这些沉淀和积累写成一本书，但一直没有时间闲下来做这件事情。于是 2022 年初，他给自己立了一个目标：用两年的时间写一本书。

他在春节放假前决定在大年初一到初七每天抽出三个小时，来列出提纲框架。可是，当他想行动的时候，却不知道怎么开始，只能对着电脑发愣。

他的思路被卡住了……

初一的早晨，他吃完了饭，坐在电脑前，一个字也敲不出来。于是，沏壶茶，喝两口，看看手机，刷刷直播……转眼间三个小时已经过去了。

初二一早，他对自己说，今天不管怎样，要开个好头儿。可是，对着电脑，他和前一天一样，仍旧一个字也敲不出来。

平常，脑海中经常有些想法和感悟，时不时地会冒出来，而此时他却发现，无论从哪个想法入手，都会马上被自己否定。他对着电脑，坐了半天，什么也写不出来，于是乎，便从网上搜了一部电影，看电影去了。

此时，你的内心也许会有一个疑问：是什么阻止他不能着手去做这件事情呢？

我们一起把镜头拉慢一些，停一停，看看发生了什么。

我问："初一，当你对着电脑，一个字也打不出来的时候，为什么会去沏茶、看手机、刷直播？"他很快地说："那会让我好受一些呀。"

我接着问："那初二写不出来的时候，为什么要去看电影呀？"他说："我写不出来，如果还坐在那里，什么也不干，那种感觉太难受了！"

同样的情形在重复时，他却选择了用沏茶、看手机、看电影等方式远离那些不舒服的感受。正是那些不舒服的情绪阻止了他，让他不能按计划写作。

我想，这位朋友的经历在我们身边的每个人身上或多或少也发生过。对孩子来说，每天起床很难，睡觉很难，写作业很难……可以说我们很难开始做一件事情。这种情况严重了，就变成了拖延症。殊不知，这些拖延和很难开始是我们无意识地被情绪困住与裹挟住了，这造成了我们的工作和学习效率低下，甚至会影响我们与家人的关系，进而影响生活。

我的这位朋友对待情绪的方式是逃避，是无意识地逃避，也有很多人在有意识地逃避情绪。

有一次，我在排队做核酸检测的过程中，听到两位妈妈在聊天。一位妈妈对另外一位妈妈说："看到我家娃儿写作业磨蹭，我气就不打一处来，真的是火呀。真想打他，可是又要压下来，受不了！所以，每天他写作业的时候，我先是忍着，忍得受不了了，就下楼去跑步。跑几圈儿，舒服一点儿，平静下来再回家。几乎每天都是如此。"

这位妈妈看到了自己愤怒的情绪，她对待这些情绪的方式是用跑步的方式把它暂时释放掉。其实，她的潜意识里有一个声音：情绪就像恶魔，我要战胜这个恶魔！她想通过跑步把这个恶魔干掉，而情绪这个恶魔是干不掉的。一旦看到孩子磨蹭，情绪"恶魔"就会被激活，我们每天都在受煎熬。

也许此刻的你会说："我不是这样对待情绪的，我想逃避都逃避不了。我控制不住它，真的打了孩子，发了火，骂了人，伤了关系，也伤了自己。而且，发火后，自己也会后悔，依旧不爽，并没有由此产生任何积极作用。"

逃避情绪、压抑情绪、情绪化的表达，都会让人非常难受。

我们究竟该怎样对待我们的情绪和感受？怎么能让这些情绪和感受不影响我们的工作和生活？

有些企业请我去讲关于情绪的课程，给我的题目是《如何控制情绪》或《如何管理情绪》之类的。每次我看到这样的题目，都会笑一笑。因为这样的表达方式，已经在传递着我们对待情绪的态度："控制"情绪，是把情绪当成了恶魔、罪犯；而"管理"情绪，就像情绪是我们的下属，它要听我们的命令，要服从我们。我通常都会把题目改成《如何与情绪相处》，用"相处"这个词是我个人最接受的方式。尊重我们自己和他人的情绪，面对和体验情绪，把情绪当成我们最重要的朋友，由对抗情绪转为与情绪对话，是我最接受的方式。

尊重我们自己和他人本然的情绪，实在太难了。

我们的文化一直倡导"喜怒不形于色"的大将风度，也就是我们口中常说的"淡定"。不表达情绪、忽视情绪，是我们长久以来养成的习惯。

人们常常把情绪单纯地分成正性和负性：开心、快乐、欣喜等，是大众极乐意接受的情绪和感受；而悲伤、难过、生气、伤心等，往往被列为负性情绪，在我们的文化里是不被提倡的。同时，哭泣、悲伤、难过等情绪，往往被认为是懦弱的表现。我们小时候一哭闹就常被大人威胁："你再哭再闹，妈妈就不喜欢你了，不要你了。"仿佛这些情绪就像人类的天敌一样，要马上把它消灭。

久而久之，我们练就了一番压抑悲伤和难过的本领，有些情绪很难真正被看见和接受，这已经成为我们集体潜意识中的一部分，并代代相传。

我们每个人都会在成长的过程中，形成属于自己的一套个性化的情绪反应模式，也是我们在不断地成长的过程中练就的一套生存

前　言

策略和本领。

在生活中，当出现的情绪是悲伤、难过、压抑等不舒服的体验时，我们会本能地远离它们，让自己好受一点。但是，身体和潜意识深深记住了这些成长中经历过但未曾好好体验的感受，一旦现实中有似曾相识的经历，这些记忆就会被重新激活，让我们重新体验这些感受。我们一次次地逃避，它就一次次地出现。有些时候，情绪被压抑久了，它就会像压紧了的弹簧，压得越紧，弹得越高，当我们宣泄这些情绪的时候，情况就变得相当激烈和不可收拾，形成了要么压抑不表达、要么过度发泄两极化的表现。

我们需要善待情绪和感受，因为情绪是我们每个人生命中非常重要的一部分。

写到这里，我很想问一下此刻的你：

- 你真的想善待自己的情绪和感受吗？
- 你对自己好奇吗？你对自身的情绪和感受好奇吗？
- 你想了解情绪背后的声音和故事吗？你想知道自己每个当下的感觉和过去有怎样的连接吗？
- 你愿意借着了解和体会情绪与感受，开通一个与自己有更深连接的通道吗？

体会自己的情绪和感受，尊重和善待情绪，去理解这些情绪和感受、理解自己——这正是本书倡导的对待情绪的重要态度之一。

说起来容易做起来难。我邀请大家一起来逐步体会和面对情绪与感受。带着自己的感受，去慢慢体会这18章的内容，我将和大家一起去体验、理解和经历，与对我们自身非常重要的这个老朋友——情绪好好待一会儿，并学会好好与它相处。

目 录

第一部分 体会和理解情绪

第 1 章 停一停，和不舒服的情绪待一会儿 ················· 003
　　　　　我看见你了，我知道你在，我允许你在。

第 2 章 停下来，面对当下的情绪和感受 ··················· 015
　　　　　一个人的成长，最终要形成独立的人格和思想。拥有独立的情绪和感受是健康人格非常重要的一个标志。

第 3 章 直面情绪背后的需要 ······························· 023
　　　　　直面情绪背后的需要，而不是一味地、无意识地通过情绪去讨要来满足我们内心的缺失。

第 4 章 梦与情绪 ··· 031
　　　　　梦是人们无意识的重要表达，同时我们也会经常用做梦的方式无意识地表达着我们的情绪。

第 5 章　成瘾行为与情绪 …………………………… 041

　　无意识地不断重复着一种行为带来的情绪和感觉，也是一种强迫性的重复，是潜意识需要不断地通过获得这种情绪体验与自己和他人产生一种心理和情感上的连接。

第 6 章　不明原因的情绪在帮助我们传递秘密 ………… 053

　　很多无端的、不明原因的、频繁出现的情绪在不断地向我们发出信号，帮助我们表达我们难以面对的秘密，而揭开秘密面对真相是需要心理能量和勇气的。

第二部分　人际互动关系中的情绪

第 7 章　孩子会表达我们无意识回避的情绪和感受 ……… 065

　　我们把家庭看成一个整体孩子就像是"本我"，父母则像是严苛的"超我"，整个系统就要发展一个可以协调的"自我"，让"本我"和"超我"对话，和平共处，让这些情绪和感受可以以安全的方式自然流动起来。

第 8 章　横亘在亲密关系中的情绪暗流 ……………… 077

　　在亲密关系中，担心冲突的情绪本身就是一股破坏关系的强烈暗流。

第 9 章　共情他人的情绪 ……………………………… 089

　　要想真的看到和感受到对方，我们需要放下我们在关系中的情绪情感投射，也就是不要把我们的情绪和感受错认为是对方的情绪和感受。

目录

第 10 章　让关系变成体验和面对情绪的资源 ·················· 101

我们可以通过面对情绪和感受，让情绪在关系里流动，逐步让自己的亲密关系变成一种互相滋养的关系。

第三部分　如何与情绪友好相处

第 11 章　为自己的情绪和感受负责 ·························· 115

一个情绪成熟的人，首先要为自己的情绪和感受负责，才会真正有能力去体会和在意其他人的情绪和感受。

第 12 章　体验情绪 ······································ 125

重复情绪体验是体验自身活着的一种重要内容和方式。

第 13 章　觉察自己的情绪反应模式 ·························· 137

觉察自己的情绪反应模式是为了更了解自己。

第 14 章　识别无意识表达的情绪 ···························· 147

容易愤怒的人背后往往有很多无法面对和意识的恐惧。

第 15 章　意识化表达情绪 ·································· 157

意识化自己的情绪，需要我们主动去关注自己、观察自己的各种变化。

第 16 章　意识化内在的情绪剧本 ···························· 167

好的关系并不是完美的关系，它也并不是时时刻刻都能涵容我们的情绪和感受，每个人都需要主动保护维持关系涵容的功能。

第 17 章　停下来还原情绪现场 ················· 177

　　我们通过停下来还原情绪现场，更加清晰地理解了自己当时的处境和状态，只有当我们理解了我们的状态，我们才有能力看到别人。

第 18 章　让面对情绪和感受成为一种健康的生活方式 ········ 187

　　很多情绪，有时候就像是我们内心一个或多个没长大的孩子，我们需要用与孩子相处的方式来对待情绪这个孩子，陪它玩耍，是让孩子成长最好的一种方式。

后　记 ································· 199

第一部分

体会和理解情绪

第 1 章

停一停,和不舒服的情绪待一会儿

第 1 章　停一停，和不舒服的情绪待一会儿

人类有七种最基本的情绪：喜、怒、忧、思、悲、恐、惊。除了这七种基本情绪，还有多种复合情绪。我们要接受自己有各种情绪，这是一件说起来容易做起来困难的事情。

很多时候，我们擅长用解决问题的方式来回避很多我们不想体会和面对的情绪和感受，这让我们在生活中获益良多。当我们遇到某些突发事件时，我们会本能地把我们的情绪和感受放到一边，以应对当下的状况。例如，当我们一早坐地铁赶往公司，突然手机上跳出一条新闻："××出了车祸。"这时地铁到站了，我们必须放下当下的感觉和想法，立刻出站。但我们身体体验的情绪和感受是存在的，我们经常会无意识地忽略掉这些情绪和感受。久而久之，这些情绪和感受就会在生活当中被扭曲地表达出来。现实中，很多人会突然情绪过载，这往往是因为激活了过去长期积压的情绪和感受。

在生活中，我们需要有意识地停一停，和不舒服的情绪体验待一会儿。那我们怎样才能做到和不舒服的情绪体验待一会儿呢？

几天前，闺蜜跟我说她昨天很生气，非常失态。因为前些天她老公说从老家买了一只刚宰的羊。闺蜜跟老公商量，自己就喜欢吃羊蹄，其他部分都可以分给老公的兄弟，羊肉的钱由闺蜜两口子出，就当是请家人吃顿大餐。可是昨天回到婆婆那里，婆婆说羊肉已经被老公的弟弟拿走了，剩下的在厨房里。闺蜜往厨房的袋子里一看，里面并没有自己想要的羊蹄。她突然特别生气，一股火儿窜上脑门，把老公劈头盖脸地骂了一顿，骂完后又特别后悔，可自己就是控制不住。发了脾气过后她一直在想，为了两个羊蹄值得吗？其实把整只羊给老公的亲戚们，自己也觉得无所谓，只是当时特别生气。唉，反正自己就是发了这么大的火。

看得出来，她为在婆婆家里发脾气的事情感到很内疚，也很懊恼。她意识到了自己很生气，但是过后她还是接受不了自己会如此生气的事实。

"我就是控制不住，我也不知道自己怎么就有那么大的火气。当着婆婆的面，我把老公吼了。"她一遍遍地说着。

"你挺生气的，你是可以生气的。我想知道你是怎么生气的？"（我接纳了她的情绪，这个生气的情绪是需要被接纳和被看见的。）

第1章 停一停，和不舒服的情绪待一会儿

"到厨房我发现我想要的羊蹄没有了，一股火气就从脑门冲出来，当时我真想砸了婆婆的锅！"她的手锤了下桌子，继续说，"我感觉特别委屈，仿佛他们把我最好的东西拿走了，我什么都没有了。"

闺蜜说着说着，委屈地哭了。（在我的询问下，她开始允许自己把委屈表达出来，除了生气，还有委屈。）

"我特别生气，感觉老公把最好的东西给了别人，给了他的家人，对我不管不顾。现在想想事实并不是这样的，但是我生气的时候，就是觉得他把最好的东西给了别人。那时候只有生气。"

"你是可以生气的。"（我再次告诉她，生气的情绪是可以接纳的。）

闺蜜开始哭了一会儿。五分钟后，闺蜜擦了擦眼泪说："我想起了我妈，我爸家里兄弟姐妹多，家里穷，妈妈经常因为爸爸救济叔叔和姑姑而吵架。我昨天的表现跟我妈当年一模一样。妈妈生气和发火的时候，我一直就在她身边。其实我挺害怕的，但是爸妈吵得很凶，他们根本没有精力理会我。"

说完，闺蜜平静了很多，她理解了自己的情绪，理解了自己为什么突然控制不住地发火，理解了这种无端发火的情绪的来源。情绪是有记忆功能的，这种止不住的怒火是从当年母亲的行为当中无意识体会到的。

我们经常会为一些小事大动干戈，是因为这些小事触碰了我们内心一些曾经熟悉的感受。在心理学上，容易激活我们内在情绪和感受的场景和画面，叫作创伤的"扳击点"。

闺蜜进厨房看到没有羊蹄的场面，激活了她早年看到父母吵架时未曾表达的情绪和感受。在这些复杂的情绪中，有当时自己的恐惧，也有母亲无意识的愤怒、委屈、伤心、难过……

有时候我们突然因为一些事情体验到了过去未曾体验的很深的情绪和感受也许并非坏事。比如，不爱发火的人突然发了火，或突然为一件小事情感到悲伤，这些情绪都是一些重要的信号，在提示着我们与过去的创伤进行连接，提示着我们要去疗愈我们曾经的创伤。而疗愈这些创伤需要时间，需要过程，需要我们为自己创造安全的环境来体会和体验这些情绪和感受。

很多人通过学习各种心理学理论来了解自己的原生家庭，看似增加了很多对情绪的觉察，却离体会这些情绪和感受越来越远。因为不带体验的觉察仅仅停留在头脑层面，我认为这只是一种更深层的防御。而我们的无意识太想修复那些早期的创伤体验，所以这些情绪和体验往往会在不经意间以其他方式被扭曲地表达出来。

情绪和感受是需要我们用身体去体验、体会的，所以我们首先要停下来，和这些不舒服的情绪待一会儿。体会一下自己的身体、自己的心情和自己的状态。

体验之后，我们的身体和经历相连接，才是觉察。我刚刚用与闺蜜谈话的例子给大家展示了我们该如何在失控后先去体验自己的情绪。强烈的情绪过后我们可以给自己一个时间和空间，先接受自己真实的情绪体验（我朋友真实的情绪体验是生气，她首先慢慢接受自己是生气的），体验自己是如何生气的，慢慢地，你才会和这些体验有更深入的连接。

当我们接受了自己真实的情绪体验之后，这个体验才开始有所松动和转化。当然，接受这种体验需要花很长时间。

我朋友认为我可以接受，才找我停下来体会她的情绪和感受。如果家人和朋友都没有能力提供这样的表达和体会情绪的空间，你也可以自己创造一个。让自己安静地在一个独立的空间内，体会和询问一下自己到底怎么了，或找一名专业的心理咨询师跟你一起去持续面对这部分情绪和体验。

我们总是担心停下来体验这些情绪，而这些情绪会缠着我们不肯离开，进而影响我们的生活和人际关系。

情绪是有流动性的，它会到来，也会走开。有时候我们担心情绪流动不起来，害怕这个体验一直在，就会想办法摆脱它。

如果情绪真的来了，怎么也不肯走，怎么办？比如，有人会因为一件事情兴奋或抑郁很长一段时间，而这种情绪和感受之所以迟迟不肯消失，是因为它在用这种方式对我们发出持久的呐喊："你需要关注我，你对我的关注还不够。"这种情绪和感受就像我们内心一个执拗的孩子，你越想限制他，他越撒泼打滚不肯离开。我们需要温柔地对待情绪这个"孩子"，然后腾出一点空间，仔细地审视它，比如，生气的时候看看自己身体的反应，感受一下自己的呼吸，以及伴随着的体温升高、脸红、发抖等反应，还可以跟这个"孩子"聊聊天，和他待一会儿。

善待情绪，我们可以试着停下来，主动体会和面对自己的情绪

第 1 章　停一停，和不舒服的情绪待一会儿

和感受。

有朋友曾经对我说："老师，我发现我害怕停下来。"我们对停下来本身充满恐惧是非常正常的一种情绪。在我们的潜意识里，我们害怕停下来面对很多我们不想面对的感受。这时我们也可以试着先停下来，首先体会当下的恐惧，体会一下自己的恐惧是如何产生的，以及为什么恐惧。慢慢地，我们也许会渐渐体会到这些恐惧都是我们想象出来的。这时候，我们可以尝试着告诉自己："我知道你很害怕，但现实确实没有你想象的那么糟糕。"我们需要温柔又耐心地一次次地善待我们的情绪和感受。

当我们停下来体会我们的情绪和身体的感受时，可能会感到一种更深的焦虑，会想逃避，就像我在前言中举例的朋友，想马上用另一种行动来逃开当时更难受的感觉，比如上厕所、听一首歌。有意识地停止这些行动，来体会身体的不舒服，这一定不是受虐。慢慢地，你会发现你的身体的变化。

当我们停下来的时候，有时候会有一种放空的感觉，甚至毫无感觉。当放空的时候，我们也许会有些慌乱或不知所措，甚至无聊。对于情绪和感受，我们要秉持一个重要的态度——不迎不拒。

陪你的情绪坐一坐

在2008年汶川地震后,有一批心理咨询师志愿者第一时间赶到了灾区。很多人突然没了家,失去了最亲的亲人,还有的人变成了残疾人,他们经历了可怕的突如其来的丧失。其实,他们当中只有小部分人表现得很悲伤,大部分人的表现都是木然的。那些心理咨询师们觉得,他们经历了这么大的悲伤,是不是应该让他们尽情发泄出来。但是,专家研究发现,对于当时受难的人群最好的帮助就是:他们望天的时候,你就陪着他们望天;他们要喝水的时候,你就给他们倒水。尊重他们当下真实的情绪和感受非常重要,因为面对悲伤和痛苦是会有心理压力的。很多人在多年后再次回忆起当时的经历,才能回过神来,哭出来。在极度丧失的情况下,他们首先需要活下来。

因此,我们需要温柔地对待自己的情绪和感受。停下来,接受它。

停下来体会情绪和感受,会让我们不舒服,所以我们才不愿意停下来。试着主动和不舒服的情绪待一会儿,去理解它,表达它。言语化情绪和感受的过程,需要我们慢慢学习和深入体会。

朋友的孩子研究生毕业后,要找工作,所以她需要把自己的简

第1章 停一停,和不舒服的情绪待一会儿

历整理一下,再投给自己想去的单位。但是每到静下来开始整理简历的时候,她就会有很不舒服的感觉。她不能耐受这种不舒服的感觉,所以一直处在待业的状态。直到有一天,她打开电脑,又去修改自己的简历,一种特别难受的感觉又冒了出来。她停了一下,没有像往常一样逃走,她闭上眼睛,开始感受自己的身体:呼吸紧促,手甚至有点抖。她体会着自己的呼吸和发抖,慢慢地问自己,手抖成这样,是害怕什么吗?简历要罗列自己的履历,但自己缺乏工作经验,又想去一些理想的单位,所以自己特别害怕,心里就特别慌。她慢慢地幻想着自己拿着简历去面试,面对面试官挑剔的眼神,她感到特别羞愧,一行眼泪顺着脸颊掉了下来,任由眼泪流到了脖颈上……慢慢地,这些不舒服的感觉开始流淌。她开始准备面对面试前的紧张和压力了。

我们需要学会与情绪相处,体验情绪,但不是被动地完全沉浸在情绪之中被情绪吞噬,而是尝试着和情绪保持一定的距离。我曾经尝试每晚22:00开始用半小时的时间体会自己当下的情绪和感受:先想一想今天发生了什么,当时的自己有什么样的反应。有时候一些情绪会突然冒出来,如愤怒、伤心、难过等,别着急,慢慢体验它,和它进行对话。当时间到了,我发现我还有一些感受,我会对我的感受说:"我知道你还在,我明天还会再见你。"跟这些情

绪和感受有意识地进行暂时告别,告诉它:"我看见你了,我知道你在,我允许你在。"慢慢地,我们就会学会适时适度地有意识地表达情绪,而不是情绪化的表达。

第 2 章

停下来，面对当下的情绪和感受

第 2 章　停下来，面对当下的情绪和感受

我们停下来面对的是什么？首先面对的是当下自己真实的情绪和感受。我们有一部分心理冲突来自对自己真实情绪和感受的否认。

我曾经在一次情绪体验觉察小组的活动中，观察到当 A 在讲述一件事情的时候，止不住地哭泣、流泪，在场的很多成员在听到 A 的诉说后几乎都会感到非常伤心和难过，但 B 在这个过程中则不停地打哈欠，一直都没有说话。当活动快要结束的时候，我问 B："我今天看到你不断地打哈欠，一直没有说话。"B 说："我很努力地在听，可是身体却不听使唤，就是止不住地打哈欠。我不敢说出来，害怕打扰到大家，怕大家生气。我觉得我应该和大家一样伤心，不知道我为什么没感觉。我的反应是不是有点不对劲？"我告诉他："没感觉就是没感觉嘛，你可以有和别人不一样的感觉。"

一周后，活动刚开场，B 开口和大家说："上周活动结束后，因为一直打哈欠，回去很早就睡了。那晚我做了一个梦，梦到我

死去了 20 多年的太奶奶。太奶奶小时候家里穷，被卖到太爷爷家当童养媳，她年轻的时候相当能干。太奶奶年纪大了生了一场大病后，一到晚上就哭，哭的时候委屈得像个小孩子，总说'找妈妈'。我小的时候，一听到太奶奶说'找妈妈'我就会哭，也会跟着哭喊'找妈妈，想妈妈'。我知道我上次为什么没感觉了，可能是我的身体就是很想睡觉。那天，我想到这些过往，就觉得很委屈，我哭了很久。"

肯定自己和他人当下的情绪和感受尤为重要，感受是没有对错之分的。活动现场大多数人的感觉是伤心和难过，但这并不是说伤心和难过的情绪反应才是正确的。我们要感受自己真实的情绪和感受，尊重自己当下的情绪和感受，并学着去体会和理解它们。

我们通过自己和他人的情绪，能够感知个体对事物的反应和态度，而每个人的态度并不一定是相同的。

有时候，当我们停下来体验到自己的情绪体验和他人不一样时，就会很慌张，产生疑惑："我这样对吗？我是不是不应该生气？"

当我们与其他人的感觉不一样，或者朝与自己关系亲密的人撒

第 2 章 停下来，面对当下的情绪和感受

气的时候，往往会有内疚的感觉。

心理学中有一个词叫"共生"，其实从情绪维度上来说，也有情绪共生现象。在一次讲情绪课的时候，现场有个小伙子很开放，跟我说了一段他的故事："我昨天在公交车上跟一个同行的乘客吵架了，我很生气，回到家越想越生气，也不想吃饭。看到我老婆在一旁吃得很香，我更生气了。我觉得我生气的时候，她应该也是生气的。我就是想问老师，如何在我生气的时候，让我老婆真正理解到我的生气，跟我一样生气，我就觉得她才真正理解我了。"他话音刚落，在场的人哄堂大笑。而这个小伙子就是想让他的老婆与他的情绪和感受共生，和他拥有一模一样的感受，才算是真正理解他。后来，他补充说，他和他的妈妈就是情绪共生的。他的妈妈通常生气的时候也不吃饭，而他总是一直陪着妈妈。他的妈妈就很感动，说他是一个懂事的孩子。

而在婚姻关系里，这个小伙子还想继续重复这个共生的情绪模式。他的妈妈不允许他有独立的情绪和感受，而他对妈妈在情绪和感受上也保持着忠诚，同时他也要求他的妻子和他保持情绪上的共生。这个小伙子根本就没有发展出独立的人格，也不能确认自己独立的情绪和感受。

有不少人像这个小伙子一样对于自己产生了不同于他人的、属于自己的情绪和感受是十分不确定的。同时，一旦自己的情绪和感受不被他人接受，自己就会更内疚，怀疑自己不该有这样的情绪。他们发现对与自己亲密的人产生了一些不好的感觉时就要压制它，只要不和亲密的人保持高度一致的情绪，就像背叛了他们一样。

他们在关系中会非常期待别人接受自己的情绪和感受，如果别人接受了，自己才能接受。当别人不接受他们的情绪和感受时，他们会非常失落。

事实上，我们需要先确认和接受我们的各种情绪、感觉和感受。情绪和感受是没有对错的，在亲密关系中，我们需要尝试着告诉别人我们自己的情绪和感受。

如果一个人在很小的时候，情绪和感受没有深深地被镜映和接受，常常被忽视和否认，比如，当小孩子哭闹得厉害的时候，父母受不了他哭闹的情绪而无觉察，就告诉孩子伤心和难过是不对的。更有甚者，威胁孩子，再哭就把他扔出去。但是孩子伤心难过的感受是真实存在并且是深切体验到的。因为从未被接受过，所以孩子也仅仅学到了父母对待他们自己情绪感受的方式，并用来对待自己的情绪和感受，慢慢地也开始否认自己的情绪和感受了。

一个人的成长，最终要形成独立的人格和思想。拥有独立的情绪和感受是健康人格非常重要的一个标志。

我们可以从现在开始试着有意识地停下来，体会和接受自己当下真实的感觉和感受。不管情绪是什么，我们都要允许它真实地存在。

我曾经收到过一位患有产后抑郁症的妈妈的信，信上说："许老师，我生了孩子后感觉特别内疚和后悔。我觉得这个孩子限制了我很多的自由，我特别恨他，甚至想把他给遗弃了，我对我的孩子有一种很深的恨的情绪。在有了这种情绪之后，我特别害怕，我觉得我不该有这样的情绪和感受。"

我告诉她，我们对待我们的骨肉有恨的情绪是很正常的，心理学大师唐纳德·温尼科特提出过，母亲对婴儿有18种恨。只有当母亲接受了恨这种情绪之后，爱才会变得更真实。

这样恨孩子的冲动的情绪是需要被我们充分接受的，我们可以有这样的情绪，但真的把孩子遗弃的行为是违背伦理的，是不被接受的。我们需要接受的是情绪本身，需要慢慢改变的是我们表达情绪的方式。

我们对待自己的父母的感情和情绪也是很复杂的，有爱，有恨，也会有生气和愤怒。在传统观念中，我们要对父母感恩，即使他们在养育我们的过程中给我们造成了无心的伤害，这才是我们一贯的心态。可是，如果曾经那些受伤的感受没有被尊重和接纳，我们对待父母的感恩与原谅永远都只是停留在头脑层面。我们需要面对的是我们内心真实的感受和内在的感觉，而不是与我们的父母翻旧账，惩罚父母。当我们对父母有怨恨的情绪和感受时，并不代表我们不爱他们。

面对内在的真实的情绪和感受，我们才能真正和谐地与自己和他人共处。

第 3 章

直面情绪背后的需要

第 3 章 直面情绪背后的需要

前面我们谈到要接纳情绪。其实，接纳情绪不仅仅是接纳情绪本身，更要接纳情绪背后更深层次的内容表达。情绪有很多种功能，其中最重要的功能是表达我们内心的需要。

人一出生，是用哭这个情绪来表达我们最原始的需要的。婴儿呱呱坠地的那一刻，用哭声来告诉这个世界"我来了"。婴儿一般是用哭声与周围的人建立连接的：饿了哭，渴了哭，拉了哭，尿了哭，想抱了哭，不舒服了也哭。如果抚养人给了及时准确的回应，婴儿的哭声就会立刻停止；如果回应不够及时或回应并不是婴儿想要的，哭声就会不断，甚至音量还会更大。婴儿的本能需求都是用哭这个情绪来表达的，人类会本能地用情绪来表达自己的需求。

在社区工作的朋友跟我分享过他们接触的一个家庭。

有一位 70 多岁性格十分温和的老人，老伴儿因病突然离世了。儿子和女儿都在深圳，他们担心老人一个人在老家会感到孤单寂寞，就把老人接到深圳来生活了。可是老人到了深圳，一改往日的好脾气，变得非常暴躁，每天都会为了一些小事情发很大的火。老人在儿子和女儿家轮流生活后，情况也不见好转。儿女担心老人患了抑郁症或焦虑症，想把老人送到医院检查一下，遭到老人的拒绝。

有一天，社区开展老年人活动，老人也去参加了。社区组织者组织了一个互动活动：给现场参与的老人每人发一张纸，每个人在纸上写出"你最近最想要什么"的答案。自己默念三遍，可以在现场分享，也可以让参与者自己把这张纸撕了或者带回家。老人当时拿着纸和笔，想了很久，很认真地在纸上写了一些东西，但是没有在现场分享。神奇的是，自从参加了这次活动，老人在家里的情绪比之前平静了很多。

过了两个月，老人主动找到我的朋友，并把那张纸条给了他。纸条上写着：我想找个老伴儿。同时，老人请我的朋友把这张纸条转给他的儿女。老人担心儿女接受不了，怕影响与儿女的关系，不敢直接跟他们说。

朋友真的把这张字条转给了老人的儿女。老人的担心也不无道理，儿女看了纸条后，刚开始感到非常意外，纳闷老人都70多岁了，怎么还有这个心思，儿女都禁不住地说："老两口的感情不是一直都很好吗？父亲怎么这么快就想找个老伴儿呢？"

通过传递纸条，慢慢促进了老人与儿女真实想法的沟通和碰撞。虽然这个过程也经历了一些波折，尽管直到现在，老人也没有找到老伴儿，但是当老人开始意识到自己有想找老伴儿这个情感的需求时，也不再无理由地暴怒了。

很多时候，看起来无端的愤怒情绪背后，往往都隐藏着我们没有能力面对的需求，在关系中面对这个需求或许是困难的。

我毕业后在一家单位实习，我所在的部门全是30岁以下的年轻人，其中只有一个小伙儿结婚了，其余都是单身，工作氛围非常轻松，每个月都会安排一两次晚上聚餐。有一次，部门决定再组织聚餐的时候，那个结了婚的小伙儿很沮丧地说："以后要脱离组织了。最近两次聚餐后回家，老婆都发了很大的火，以后再那么晚回家，就让我别回家了！唉！已婚人士不自由啊！"说完摇了摇头。一女同事好奇："不会吧？聚餐是咱们部门的传统，你毕业就来了公司，进了这个部门，这么多年，你老婆都没说不喜欢你在外面聚餐，怎么最近为聚餐这事对你这么愤怒呢？"一个月后，部门再次组织聚餐，小伙儿又跟着大家一起去了。大家觉得很奇怪，纷纷想知道到底发生了什么事。小伙儿拿起酒杯说："因为前段时间我在准备考博，自己也很焦虑和紧张，到了晚上就想抓紧时间集中精力学习，对老婆疏远了很多。那晚我回去，主动找老婆聊了聊天，现在误会消除了，已经没事儿啦。"

因小伙子参加部门聚餐晚回家，妻子表面上表达的是对丈夫晚回家的愤怒，而她愤怒情绪的背后是更深层次的需求，也就是对夫妻关系稳定的需求。

还有些人会用无意识情绪的方式表达在关系中被重视、被尊重的需求。

我们对待事物的反应往往滞后于情绪的回应。当我们因为一些事情而发脾气时，可能仅仅因为其他事情积累的情绪已经到了临界点，而当前的事件仅仅是个引爆点而已。所以我们要透过情绪看引爆情绪背后隐藏的种种未被满足的需求。

我们对亲密的人会更容易发脾气。在潜意识深处，我们会认为在亲密关系里发脾气是安全的，我们对亲密关系里的人是有很多需要和渴求的，而这种需要和渴求也是十分强烈的。无意识的情绪暴发得越猛烈，我们内心在关系里的渴望和需求就越深切，而这种渴望和需求通常也被我们压抑得足够根深蒂固。

很多情绪在不断地提醒着我们：试着找个机会停下来，体会一下，我们到底要通过情绪表达什么，我们需要在关系里不断得到满足的部分究竟是什么。停下来体会内心那个需要被照顾的脆弱的小孩。

直面情绪背后的需要，而不是一味地、无意识地通过情绪去讨要来满足我们内心的缺失。每个人在成长过程中都会有缺失，潜意识总想把我们拉到过去，去弥补过去的缺失。而过去的缺失就像一个无底洞，在现实中，有很多东西是我们永远弥补不了的。我们需要正视和体会的是那种缺失的感觉，哀悼我们曾经的缺失，正视我们的缺失。如果有悲伤或者其他任何情绪，停下来和它们待一会儿。

读到此刻，你想到了有关自己的哪些故事？请你停一下，听一听自己的故事。

第 4 章

梦与情绪

第 4 章 梦与情绪

人们常说"日有所思,夜有所梦"。在精神分析的世界里,梦是人们无意识的重要表达,人们也会经常用做梦的方式无意识地表达自己的情绪。

在做心理咨询临床工作的这些年,我经常会跟来访者讨论梦。我深刻地体验到,梦每时每刻都在表达着我们没有意识到的情绪。我想先跟大家分享一下我自身的经历,聊一聊我自己体会到的梦与情绪的关系。

我刚毕业参加工作时,在家乡的一所中学里任职计算机教师,每天中午的午休时间是两个半小时。由于离家近,我每天中午都会骑自行车回家吃饭和午休,我会抓紧中午的时间睡上半个小时。在这半个小时里,我通常会很快睡着,还会做一个相同的梦,梦里的故事情节几乎每天一模一样。我梦到我平躺在床上,身体像被床板固定住了一样,一动也不能动,周围的环境让我窒息。我不敢呼吸,怕自己呼吸的声音被周围的人听到,怕其他人发现我还在喘气，会对我不利。我想挣脱床板坐起来，可就是动不了，感觉自己快要死了一样。接着就会有一个声音大声叫醒我，每天都会在固定的时间醒来，醒来的时候觉得非常害怕，又觉得现实没什么可怕的。就这样，我每天中午睡觉的时候都会重复做梦，而且持续了好几年。在梦里，每次都经历了一种不敢呼吸，甚至窒息的恐惧和害怕，我在梦里不断地重复着这种情绪体验。但在意识层面，我是没有能力意识和面对的这些情绪和感受的。

研究心理学这么多年，我越来越深刻地体会到：在梦中的情绪，比如害怕、愤怒、伤心等，其实是潜意识在提醒着我们，我们的身体在经历着这些情绪。因为白天太忙没有时间和精力去体验这些情绪和感受，睡着之后，我们的身体和大脑终于可以停下来了，这些情绪和感受就会以梦的方式呈现出来了。

几年后，我从学校辞职，离开家乡，每天重复的噩梦竟奇迹般地消失了。似乎离开家乡，梦里的恐惧和害怕也一同远离了自己。

2010年，我专职从事心理咨询工作，决定预约一位心理咨询师做体验深入面对自己。第一次咨询，预约的时间是下午三点。咨询当天我刚好在家休息，临时决定中午先睡个午觉再去做咨询。在

第4章 梦与情绪

睡午觉的时候，那个梦又出现了。我躺在床上，一动也不能动。我想找个人帮我，但我说不出话。我听到门外有人敲了敲门，然后开始拿钥匙开门，但怎么也打不开。不一会儿，那人放弃了开门，用一个手电筒从外面往屋里照。我就这样醒了。

我就是从这个梦开始和我的咨询师开始咨询工作的。

咨询师：梦里你感到被床板牢牢固定住了，感到害怕吗？

我：是的，害怕，很害怕，非常害怕，一动都不敢动。

咨询师：你很害怕，想喊个人帮你，但你说不出话。

我：是的，梦中开不了口，很害怕。

咨询师：我想也许你想通过这个梦试图告诉我一些东西，这个梦跟你的现在和过去都有关系，跟现在的你和我也有关系。你的过去也许经历了一些让你非常害怕的体验。现在你想来寻求我的帮助，也许梦里那个拿钥匙开门的人就是我，你告诉我，拿钥匙是开不了门的。先要拿个手电筒看一看，先把你的周围照亮，也许你在告诉我，我们的体验可以从这个梦境开始。

我跟咨询师分享了刚毕业参加工作后，重复了几年每天都做的那个令我恐惧的梦。与咨询师的对话中，我慢慢回忆起了一件发生在高中时的往事。

我上高一的时候，哥哥也读高中，但他在校住宿，而父亲在外打工。有一天半夜，有人要爬进了我们家的院墙盗窃。当时我被门外窸窸窣窣的开门声惊醒，对方正在用工具撬我们家的房门，房门的锁是双保险的，很难被打开。我躺在床上，静静地听着屋外的动静，母亲从床上起来拿水壶倒水，似乎用这样的方式告诉对方家里是有人的，但门外的声音还在继续。母亲在屋子里弄了更大的动静也没能阻止对方撬门。外面的人想尽办法也没能撬开门，最后用工具狠狠地砸了一下门。在安静的夜里，那个声音显得尤其大。我吓得躺在床上，一动都不敢动，甚至不敢呼吸。后来母亲跟那个人有很多对话，最后从门缝里塞给了那个人一些钱，终于打发走了。安静的夜里，我躺在床上，瑟瑟发抖。第二天，母亲生了一场大病，之后也无法工作了。对我们家来说，这是一件影响很大的事情，我很内疚，当时自己什么也做不了，也没有能力保护母亲。

母亲生病后，家里人的注意力全都转移到母亲身上，没有人关注我也是受了极度惊吓的孩子。而且由于母亲生病了，我还要变得

第 4 章 梦与情绪

更加坚强、乖巧、懂事,我必须把我的这些感受放在一边才能应对现实。但我的身体牢牢地记住了这些恐惧,这些情绪和感受经常以梦的形式呈现出来。

反复出现的梦以及我们在梦中感受到的情绪,是我们无意识中没有能力面对的情绪和感受。当我们意识到了这些情绪和感受后,我们的梦也会发生变化。

我和很多来访者经常谈论梦,谈论梦的工作需要先从梦中带给我们的情绪和感受开始。

我有一位来访者经常做同样的梦,经常梦到找不到母亲,或者妈妈死了。我们就从面对这个情绪和感受开始,谈论她跟母亲的关系。她非常担心被母亲抛弃,或者母亲突然就不见了。通过咨询,慢慢与她的过去连接,得知她小的时候有过母亲带她串亲戚而后走丢了的经历。

几年之后,她又开始梦到妈妈,但是梦境变了,变成了她和妈妈吵架了,对妈妈很愤怒。

她很不解,因为她觉得她非常爱妈妈,怎么会对妈妈有愤怒的情绪呢？

我尝试着问她："你对我有愤怒情绪吗？"起初她会否认，但在我们深入谈论的过程中，她慢慢地逐步意识到，在我每次准时结束咨询的时候她都会有很多情绪和感受，我就那么无情地让她离开了，她非常生气和愤怒，但是她不能接受自己对我是有愤怒情绪的，而那个愤怒情绪却真实地存在着，所以就以做梦的方式呈现出来了。

梦中会出现很多人物，而梦中的各个人物都可以理解为我们自身的一部分，梦中的人物之间的内心冲突，恰恰是我们自身潜意识深处各个部分的冲突，以及我们无法面对的矛盾情绪和情感。

有位朋友曾跟我谈论过一个梦，她梦见身处南方的她买好机票要回北方的老家了，提前查好天气预报，准备好了要带回去的衣服。但她突然发现外面刮起了台风，无法出门，她非常生气。她给一位在老家和她关系非常要好的朋友打电话，告诉这位朋友她不能回去了，而这位朋友却一反常态，非常严厉地指责她："你就是在找理由不想回家，父母年纪都那么大了，你就是很自私、冷血……"她在这种指责和呵斥中惊醒了。

第 4 章 梦与情绪

醒来后,她发现自己一身的冷汗。在与我沟通的过程中,她意识到,其实自己很想回老家,很担心年迈的父母突然生病。她对自己长年在外不能照顾父母是非常内疚和自责的,对自己也是有些愤怒、不满和无奈的。这些情绪在梦中就化身成了她朋友对她的指责,这恰恰也是她不能面对和意识化的情绪和感受。我朋友至今未婚,每次回老家,父母和亲朋好友都会问及她的感情问题,催促她结婚。面对这种情况,她总是很烦躁、焦虑、恐惧,所以她对回家有恐惧。梦中突然刮起的台风,也暗示着她内心对回家的焦虑和恐惧。

梦是很重要的信号,它提示着我们,要关注需要我们重视的而恰恰被我们忽略了的情绪和感受。

读完本章的你想起了曾经做过的那些梦吗?我想邀请你,停下来,体会一下你独特的梦境带给你的情绪和感受。

第 5 章

成瘾行为与情绪

第 5 章 成瘾行为与情绪

说到成瘾行为与情绪的关系，首先我们了解一下什么叫作成瘾行为。成瘾行为主要包括物质依赖与行为成瘾两个方面。物质依赖主要是指长期服用酒精、毒品、镇痛药及安眠药等产生的躯体及心理依赖；行为成瘾主要指过度沉迷游戏、赌博等行为而导致的行为失控。

现代医学认为，成瘾行为是由于慢性大脑环路改变而导致的，特别是在青少年时期，人的大脑发育还不完善，长时间接触网络游戏的刺激，其行为会越来越难以自控。导致成瘾行为的脑神经环路与管理情绪的脑区与神经环路有一定的交叉，因此成瘾行为往往与抑郁症、焦虑症、双相情感障碍等共病，情绪障碍与成瘾行为互相影响，相伴相生。目前国内一些医院已开设了成瘾与情绪专科。

在这里，我想从心理学的角度跟大家分享我在生活和临床工作中体会到的成瘾行为与情绪的关系。

我们所说的"瘾"有两个方面的含义：一方面是指由于中枢神

经常受到刺激而形成的习惯性；另一方面泛指深厚的兴趣。

我在生活和临床工作中发现，由于中枢神经受到刺激，会使人们形成重复的行为习惯，并在不断地重复这些行为的同时，人们常常深刻地重复体验着一种或多种情绪。

有一次在飞机上我遇到一位妈妈带着一位五岁的小男孩。小男孩在飞机座位前的小桌板上拼积木，他拼得并不顺利，在同一个地方用不同的积木试来试去。妈妈一直看着他，在他试了八九次都还不成功时，妈妈拿起一块积木，一边摆到合适的地方，一边告诉小男孩："儿子，是这样！"小男孩顿时很生气，他用手把所有摆放好的积木都推倒了。而妈妈本能地腿抖了一下，被吓了一跳，但是她并没有愤怒，因为空间有限，她正好把小男孩推倒的积木用衣服接住了。小男孩起初停顿了一下，不一会儿笑了。然后小男孩开始把手中的积木摆在小桌板上，接着用手把摆放好的积木推倒，让妈妈用衣服接住。一遍又一遍，不断地重复着摆积木，推倒，再摆，再推倒。小男孩咯咯咯地笑着，特别开心。旁边座位的人时不时地看过来，妈妈对小男孩说："不能玩了，影响别人休息。"可是小男孩就是不肯停下来，仍要继续。

我想那一刻，小男孩对这一系列的行为已经上瘾了，推倒是一种破坏性的行为，他在体验着一种非常愉悦的快感。而妈妈对此并没有生气，对小男孩来说也是一个非常重要的体验。他的重复行为伴随着的是一种刺激的、新鲜的体验。他不断地玩这样的游戏，也在享受着这种愉悦的体验，以及与妈妈友好的情感连接。

同样，青少年和成人的成瘾行为背后都伴随着一种强烈的、持续的情绪体验，对这种情绪体验的痴迷推动着人们不断地通过重复行为来满足。

成瘾行为以及不断地重复情绪体验并不完全是件坏事。冬奥会冠军谷爱凌在接受记者采访时说："我是那种对肾上腺素上瘾的人，我享受感知紧张感并克服它的过程，迸发的热情和朋友的反馈是我爱上滑雪的原因，我练习滑雪的兴奋点来源于恐惧。"运动员的训练是高强度的，谷爱凌在一次次训练中重复体验着恐惧与紧张并克服它们的过程。她在《纽约时报》发表了一篇名为《我承认，我爱上了恐惧》的文章，文中写道："我已经发现，如果这些感觉能被识别和积极地利用，那么每一种感觉中都有一些微妙的指标可以帮助你成功，而如果其原理被忽视，那么这些感觉可能就会是你受伤的前兆。"

我们从谷爱凌身上可以看到，主动选择这种重复性的行为和成瘾是有建设性意义的，而这种主动的选择是我们意识到并理解自己在这种行为中获得了哪些重要的生命体验和心理满足。

谷爱凌说："对于我来说，理解我与恐惧的关系，是认识自己的第一步。"她主动选择了用滑雪面对和体会自己的恐惧和紧张，而克服紧张的情绪让她获得了自我，实现了自我价值。

在现实中，有很多人的行为变成了无意识的成瘾症状，很多时候是自己不能控制的。

很多被动成瘾的人的无意识深处，享受这种情绪体验是不被接受的或是得不到的，而重复这些成瘾行为对成瘾者来说往往是最方便、最直接、最容易学习到的方式。

我在中学做计算机教师的时候，有位学习成绩非常好，并且平时非常遵守纪律的男生，在上完计算机课后说想跟我聊聊。我刚好有时间，就答应了。他说："我一个月前看到堂弟玩电脑杀人游戏，自己也试了两把，觉得很过瘾。第二天早上醒来，就很想打开电脑再玩一把。现在变得每天早上醒来第一件事情就是打开电脑玩游戏，上课走神也在想着游戏，晚上回家第一件事情还是玩游戏。我想控制好自己，一个星期玩一次就可以了，可是我控制不住。这种状态已经持续了一个多月了。"

很明显，玩电脑游戏已经变成了这个男生的成瘾行为。我问他："为什么喜欢玩杀人游戏呀，其他类型的游戏喜欢吗？"他说："不喜欢，只喜欢玩杀人的游戏。在电脑里，追杀别人的过程特别刺激，我可以拼尽全身力气，特别爽。在生活中，哪敢呀？"我注意到了他的最后一句话。他说："我爸妈从小就让我听话，不能乱发脾气，不能和别人动手打架。我每次到奶奶家，堂弟总是把我的东西扔了，搞些无理取闹的事情。很多时候我想动手打他，但我也害怕万一真动了怒，失手打重了。去年有一次，堂弟居然把我的数学书扔到洗手间的垃圾桶里了，我当时气昏了，已经准备要动手了，被我爸制止了，我的拳头甚至都指向了我爸。当时我被自己的行为吓坏了。"

案例中的这个男生，在现实的攻击性是不被别人和自己所接受的，而他内心的怒气和攻击性是非常强烈的。他担心一旦他把这些愤怒发泄出来就会带来灾难性的后果，就要用强有力的方式把这些愤怒压抑下去。他无意间发现通过游戏可以直接表达他的愤怒和攻击性，所以他很快就痴迷上了。在游戏中，他心中无处安放的怒火被充分地释放出来。

现实生活中,有很多人会无意识地对痛苦的情绪氛围上瘾,总是会把现实环境创造成痛苦的情绪氛围,然后不断地重复、循环。

老王是一位40多岁的中年男性,他对父母总是吵架感到非常困惑。

父亲是一名高级中学教师,母亲是一位农民。老王是家中长子,家里还有一个弟弟、一个妹妹。老王6岁之前,父亲一个人在城里工作,母亲带着三个孩子在老家农村生活。

老王6岁时,父亲想让老王到城里读书,而母亲要求同时一起带着另外两个孩子。刚到城里时,全家五口人的吃喝全靠父亲一个人微薄的收入,老王每天都会听到父母因为没钱而吵架。

进城两年后,老王的弟弟、妹妹也要上学读书了。老王的母亲决定自己摆个卖早点的摊位,挣点钱贴补家用。做早点很辛苦,老王的母亲很想让丈夫帮忙搭把手,丈夫很不情愿,又不敢拒绝。老王的母亲开始摆摊后,夫妻俩还是每天一小吵,三天一大吵。吵架的起因转向了母亲总想让父亲帮忙她的小生意,而父亲总是不能让母亲满意。

他和弟弟、妹妹从小就发誓，要好好学习，长大了多挣钱以缓解父母心中的焦虑，让父母过上轻松快乐的生活。老王和弟弟、妹妹相继考上了重点大学，也都找到了不错的工作。他们每个月都会给父母一些钱，他们以为父母有钱了就不会再吵架了。事实却是父母的吵架从来没有间断过，吵架的内容变成了如何做菜、养花这样的小事，而且有时候非常激烈。

一年前，老王的父亲因病去世了，母亲非常伤心。没有了多年跟她吵架的人，她开始转向挑剔儿女。对于老王的父母来说，吵架是他们多年来习得的一种情感连接方式，其他的表达方式他们不熟悉也不会。营造痛苦的情绪氛围是他们活着的方式。

生活中有很多人购物成瘾，很多时候，停不下来的"买买买"中也隐藏着我们不能面对的情绪和感受。

小王，高级女白领，单身。她自封为高级买手，一个月买东西的最高"业绩"达到50件，花费达3万元，有时候买到入不敷出。繁忙的工作之余，她的生活简单，除了工作之外，"买买买"就是她生活的主要内容。每天工作结束之后，她都有一种很空的感觉，不知道怎么办，想去吃美味，又担心吃多了会胖，而买衣服是她找到的最便捷的满足自己的方式。买衣服一时的快乐，是一种即时的满足，这给了她"马上得到"的畅快感。

小王生于20世纪70年代，从小家境并不宽裕。四年级的时候，学校里非常流行一套袖子上带有两三道白杠的蓝色运动服，她非常羡慕有这样运动服的同学。有一天，每天和她一起上下学的好闺蜜也穿上了这样一套运动服。近距离地看着那套蓝色的运动服，让她走路都变得艰难和不自然了。回到家里，她鼓起勇气跟父母撒谎道："我们学校里上体育课，老师要求穿运动服。"她不敢直接和父母说自己想要运动服，只好拿老师当幌子。待她说完委屈得哭了。

父母并没有关注小王的情绪，也体会不到她是多想要拥有那样一套自己喜欢的运动服。他们什么也没对小王说，而且从此再也没有提及运动服的事……小王开始不再主动和父母提出任何要买衣服的需要了。

小王参加工作后，给自己买衣服从不吝啬。每次看到喜欢的衣服，她的内心就会立刻涌起马上想拥有的感觉，她瞬间就变成了四年级那个想要运动服的小姑娘。这样的时刻，让她充分体会到了一种对自己的重视和爱的感觉。

"买买买"这种直接而快速满足自己的方式，往往压抑了我们内心更深层次的需求，在面对这种需求背后的情绪和感受时，我们有些痛苦和艰难。

难道小王就没有别的需求吗？当然有。她想在都市中买个房子，想找到属于自己的爱人和家……但这些需求的成本太大，应付起来太难，而买衣服的成本比房子小太多。高价的房子买不起，衣服她还是买得起吧，而且不费任何周折。即时得到的满足感，使小王掩盖了她不能面对的一些对于家、对于爱更深的需求。用"买买买"这种即时满足的方式可以让我们暂时舒服些，掩盖内心不能直面的痛苦的感受，这是很多人惯用的方式。

有些人是和伴侣吵架之后买，有些人是被客户骂完买，有些人是闲下来心空了买！总之，遇到了不如意之事，就用"买买买"来掩盖，让自己马上舒服一些……然而，快速即时的满足感很容易快速消失，我们的内心并没有来得及感受和体会。内心的需求是一个无底洞，总有不够和匮乏的感觉，要填充它，就得用无节制的"买买买"来满足，一遍遍地重复着满足 – 缺失 – 满足的循环。

在做心理咨询的过程中，很多来访者对痛苦成瘾，有的表现为重复暴怒后想自控又难以自控的痛苦体验。比如暴食症的患者，其实暴食症也是吃吐循环的一种习惯性成瘾行为，他们往往在不断重复吃东西然后再把吃的东西吐了的过程中，充分体验着一种自主感，这种自主感获得的情绪体验是他们在现实生活中难以获得的，他们无意识深处认为，自己只能控制吃，其他都在别人的掌控之中。

无意识地不断重复着一种行为带来的情绪和感觉，也是一种强迫性的重复，是潜意识需要不断地通过获得这种情绪体验与自己和他人产生一种心理和情感上的连接。

理解成瘾行为是非常重要的，我们允许接受和体会这些行为背后的情绪体验，并将其意识化，试着找出更多方式满足、体会这些情绪体验，哀悼我们也许在现实生活中永远丧失了的那部分。

第 6 章

不明原因的情绪在帮助我们传递秘密

第 6 章 不明原因的情绪在帮助我们传递秘密

很多时候，不明原因的、无端的、糟糕的情绪是在帮助我们自己或家庭恪守着家庭的禁忌或隐藏的秘密，表达着对家庭无限的忠诚。

阿义在 40 岁时把妈妈从老家接到深圳，自己一家三口和妈妈一起生活。爸爸去世后，阿义一直担心妈妈一个人孤单，想更好地照顾妈妈。

阿义是独子，爸爸妈妈对他非常宠爱，几十年来没有对阿义打骂过，甚至没有对他大声说过话。但是，在妈妈来到深圳的第一个周末，妈妈突然对阿义破口大骂。

事情是这样的。周末了，阿义的几个前同事约他一起小聚。小聚中，虽然阿义的酒量并不大，但他也喝了两小杯酒。小聚结束后，阿义略带醉意回到家里，特意到妈妈的房间跟妈妈打招呼，没想到一向对他非常温柔的妈妈突然变了脸："你身上有酒味儿，你喝酒了？"阿义说："妈，我跟同事一块吃饭喝了两小杯酒。"没想到妈妈非常生气，冲着阿义大发雷霆，对着他吼道："以后你要再喝酒，就不要再认我这个妈！"

阿义非常不解，自己已经不是小孩了，非常有自控力，为什么仅仅喝了一点酒，妈妈就如此动怒呢？想到妈妈从来没有发过这么大的脾气，阿义有点害怕，同时觉得妈妈可能是太在乎自己了，担心自己喝多了影响身体，慢慢地就把这件事情放下了。

在深圳生活了近15年的阿义有一些人脉，生活中避免不了有些小的应酬。在知道妈妈如此在乎自己喝酒后，阿义每次喝完酒都会在外面逛上两个小时再回家。妻子也帮助阿义在婆婆面前隐瞒他在外面聚会喝酒的事情。

但是这样的平衡没多久就被打破了。这一天，阿义和同事小聚后，在家附近的公园散步了两个小时才回家。没想到一进家门，妈妈就对阿义说："你是不是在骗我，你每次晚回来是不是就是在外面喝酒了？"阿义的妈妈越说越生气，然后开始大哭。阿义看到妈妈生气、悲伤的样子，什么也不敢说，心里特别郁闷。

阿义觉得应该和妈妈沟通一下，弄清楚这里面的原因。阿义知道妈妈喜欢喝茶，就特意在一个周末把妈妈带到一家很有特色的茶馆，准备跟妈妈好好聊一下。阿义给妈妈泡好茶，递到妈妈面前，对妈妈说："妈，我知道你关心我，怕我喝酒喝多了，我其实是不会喝多的。"没想到，阿义的话音还没落，妈妈大声吼道："我知道，你就是盼着我早点死！"……

经历了这件事情后，妈妈变得少言寡语。没多久，妈妈患上了阿尔茨海默病，原本非常自律的阿义非常内疚，他开始每日酗酒，真的变成了妈妈痛恨的酒鬼。

一天，阿义的表弟发来信息，说自己的父亲也就是阿义的舅舅去世了，这个舅舅是妈妈唯一的哥哥。阿义决定代替妈妈回老家奔丧。葬礼结束后，舅妈一家人和阿义一起吃饭，问起阿义妈妈的近况，阿义便把妈妈担心自己喝酒的事情跟舅妈说了。舅妈听了阿义的话后欲言又止，斟酌了许久才将事情说了出来。原来阿义的爸爸并不是阿义的生父。阿义的亲生父亲是在喝完酒回去的路上遇到了车祸，抢救无效，当场死亡。阿义的妈妈当时已怀孕四个月，因为此事特别痛苦，想要自杀。而阿义现在的爸爸救了妈妈，没过多久，他们就结婚了。继父对阿义视如己出，大家怕影响他，一直保守这个秘密，没让阿义知道。

听到这些信息后，阿义的心情可谓五味杂陈。渐渐地，阿义终于明白了，为什么自己仅仅喝了一点点小酒，妈妈的情绪反应就那么强烈。原来，妈妈一看到阿义喝酒，内心就会不受控制地唤起早年创伤的痛苦、悲伤等强烈的情绪，而每当阿义要尝试着了解妈妈为什么有这些情绪的时候，她的情绪反应就会更强烈，这些强烈的情绪在帮助妈妈保守着阿义出身的秘密。到最后，无意识地选择了用痴呆这种症状封锁着这个不愿被揭开的秘密。但她潜意识深处总有想表达的欲望，在用情绪和症状锁住这个秘密的同时，也在无意识地传递信息。

经历了一段时间的内心挣扎后，阿义也戒了酒。如果这个真相一直被掩埋，阿义就会一直沉浸在无意识的痛苦情绪之中。

有时候，在家庭生活中，有些人可能接受不了某些现实，就会制造一些秘密，而保守这些秘密需要心理能量，这些心理能量有时候会通过一些无法名状的情绪来释放和呈现。

代先生和妻子结婚17年后协议离婚，因为儿子刚考上高中，担心儿子接受不了他们离婚的现实，影响孩子的学习，遂决定等儿子高考结束后再告诉他。

第 6 章 不明原因的情绪在帮助我们传递秘密

离婚这个秘密创造了一个新的三角关系,夫妻俩通过这个秘密形成了一个新的联盟,为了保守这个秘密需要共同"演戏"。离了婚除了要在一起生活,还要努力地在儿子面前装着在意和关心对方。亲密关系中带着强烈的刻意,会让两个人更累。

这种累以一种莫名其妙的压抑的情绪气氛存在于代先生的家庭之中,这让儿子感到非常疑惑:爸爸和妈妈怎么这么客气?这种客气让他觉得他们的关系更像同事一样友好却不亲密,有些真实的情绪被压抑了。以前的他们经常会因为一些琐事而吵架,当他们突然不吵,变得什么事情都以儿子为中心时,这会让儿子更累。离婚夫妻制造的秘密使不知情的儿子在亲密关系中处于一个非常无力的位置而不自知。

代先生夫妇担心儿子不能接受他们离婚的事实,其实是他们自己不能面对和体会离婚事实的情绪投射到儿子身上。他们一直回避这个事实,而这个事实在这个家庭关系中真实存在着,这种情绪就会变得越来越强烈,总有一天它会在家庭关系中被猛烈地呈现出来。

这个秘密终于被寒假回家的儿子发现了!儿子在整理物品时发

现了父母的离婚证。他顿时明白了家庭氛围变化的根源,尽管他非常伤心、难过,但是在想到父母的良苦用心后,决定隐瞒父母。其实,在无意识深处,面对父母揭开这个真相,对他来说也是一件令他恐惧的事情。

这些秘密深藏于家庭关系之中,隔开了彼此真实的亲近。儿子学习更努力了,他想满足父母的期望考上大学,但是无意识深处,他已经很难面对父母离婚的事实了。终于有一天,儿子熬不住了,患上了抑郁症。

经过一段时间深入的家庭治疗后,代先生他们能够共同面对现实,彼此坦诚真实的信息,揭开秘密的真相,从而真正开始面对关系中的悲伤和痛苦了。

有些时候,我们在自己的内心放置了一个封存很久的秘密,在意识层面我们已经深深地把这个秘密忘记了,因为在我们的无意识深处太害怕面对这个秘密,但这个秘密还会以无法名状的、令人不解的情绪方式频繁出现在生活中。

荣荣20岁时只身一人到深圳打拼。她在一家公司工作了快20年,公司也从当初的小作坊发展到现在的大型集团,荣荣也晋升到了公司的核心管理层。两年前，公司同事给荣荣介绍了一个男朋友，两人谈得很融洽，并且开始计划领证结婚了。但荣荣突然开始失眠了。

失眠让荣荣很痛苦，她自己也感到很困惑，当前的生活状态都还满意，为什么自己会失眠呢？荣荣找了很多方法缓解自己的失眠，有时听着舒缓的音乐入睡，但睡着后就开始做重复的梦。总是梦到考试，自己总是考不好，每晚都是从这样的噩梦中惊醒。

荣荣在自学了一些心理学知识后，还是找不到自己失眠的答案，于是决定寻求专业心理咨询师的帮助。做了一段时间的心理咨询后，在荣荣内心封存了很久的一个秘密出现了。荣荣从小就喜欢写文章，当年来到深圳后，荣荣很想找一份文职工作，但因为没有大学学历，处处碰壁。后来荣荣看到了有可以制作假证的地方，就鼓足勇气买了一个某大学中文系的毕业证书。这张假毕业证提升了荣荣面试的信心，再加上荣荣的面试文章让考官非常满意，也如愿以偿进入了现在的公司，工作也非常努力。这么多年，公司后来也招进了很多名牌大学的毕业生，但是荣荣的工作能力、写作水平并不比他们差。荣荣无意识地用将近20年的时间，在她的职场关系网中构建了一个巨大的秘密，就连荣荣自己也相信自己就是一名大学生了。

当荣荣和男朋友一起要去结婚领证时,荣荣无意识地担心自己的真实身份会暴露。男朋友会不会觉得自己是个骗子?会不会把这个秘密公之于众?……这份担心和害怕的程度太深,以至于荣荣在意识层面不敢去想,只能以失眠的方式呈现她的恐惧和害怕。

经过深入的咨询后,荣荣开始诚实地面对自己,她的失眠症状也随之消失了。

很多无端的、不明原因的、频繁出现的情绪在不断地向我们发出信号,帮助我们表达我们难以面对的秘密,而揭开秘密面对真相是需要心理能量和勇气的。

第二部分

人际互动关系中的情绪

第 7 章

孩子会表达我们无意识回避的情绪和感受

第 7 章 孩子会表达我们无意识回避的情绪和感受

在做心理咨询的过程中,我曾接触过很多家庭里的孩子,我发现,孩子经常能帮助父母表达他们不能直面的情绪和感受(经过来访者家庭同意,分享咨询过程)。

妞妞是一名被医院诊断为抑郁症的 15 岁的初三女生,下半学期因为和同学发生冲突没有去上学。

孩子在与我交谈的过程中不停地告诉我,她现在对上学非常恐惧,总感觉同学对自己充满厌恶和敌意。当考试成绩好了时,同学就会嫉妒和攻击自己;当考试成绩差了时,同学就会落井下石,耻笑和污辱自己。

我问她为什么是这个时候不能去上学了呢?妞妞说之前学习一直很好,感觉自己是优秀的,在学校里有一种优越感,觉得比其他同学学习好是上学最大的快乐。到了初三,学习压力大了,她连续几次考试成绩都不理想,下滑得很严重,所以她感到特别恐惧和害怕,一想到上学就浑身冒汗。有时候她也试图说服自己,逼着自己去上学，可是到了学校门口，身体就开始瑟瑟发抖。

"你非常害怕和恐惧，你原来学习成绩好的时候，是不是也会嫌弃学习不太好的同学呢？"我疑惑道。妞妞笑笑说："是的，我确实在心底特别嫌弃成绩差的同学。"

我顺着妞妞的话分析道："所以说，也许并不是像你心里想的那样，而是这么多年来，你都用'学习好'来'攻击'和'蔑视'同学。现在你成绩下滑得严重，在你的内心，感觉到同学会落井下石，耻笑和污辱你。"妞妞反应很快，她非常认同我的说法。

作为专业的心理咨询师，我禁不住思考：妞妞的这种想法是怎么形成的呢？

在与其父母的谈话中我得知，妞妞的父亲出身贫寒，是家里拼尽全力供出的唯一的一名大学生，目前在一家公司任职高管，工作非常努力，经常加班到深夜；妞妞的母亲出生在家庭经济状况颇好的干部家庭，从小学习成绩一般，虽然一直很努力，成绩也跟其他兄弟姐妹差很多。

在与其父母的访谈过程中，我征得妞妞的同意后，把她对上学的恐惧告诉了父母。他们都说自己与同事的关系非常好，有很多朋友。妞妞从小是个内向型的孩子，他们总是鼓励她多跟小朋友玩。

很显然，父母表达的是，我们是很好的父母，妞妞目前的状况都是因为她自己不够好。通过与他们沟通，我感受到这个家庭里所有人都在无意识地表达"我很好"。

妞妞听到父母这样说，突然很愤怒："你们就是不接受真实的我，我不太愿意像你们一样，跟同事热热闹闹的。我小时候很喜欢一个人在家里玩，我一个在家里玩并不难受，我也很乐意，你们就觉得我有问题！"父母看了看我，不说话了。我询问父母："这是不是妞妞第一次这样对你们发火？"父母回答说："是的。"

抑郁是对内的攻击，抑郁症患者的内心通常都有很多愤怒不能表达，就转向了攻击自己。那么，妞妞愤怒的来源是哪里？又从哪里习得了对待自己的方式？

通过与家长的深入访谈，我了解到他们的家庭关系。母亲非常爱干净，家里的物品都被收拾得井井有条。父亲经常加班到很晚回家，跟妻子的交流很少。他工作非常努力，但是回到家不做家务，还会把井井有条的家弄得很乱。

妞妞的母亲非常嫌弃丈夫这样的行为，认为他出身农村，没有素质；父亲也非常看不起妻子，认为她没受过高等教育。他们内心深处对对方非常嫌弃、充满敌意。

其实，在内心深处，夫妻双方都是很自卑的人。丈夫从小因为家境贫穷，刻苦学习，逼着自己必须优秀才会被人看得起；妻子出生在多子女家庭，从小竞争不过其他兄弟姐妹，总觉得自己比别人差一截，所以拼命努力工作，把家里也收拾得井井有条。

妞妞的父母通过不断地让自己优秀来掩盖其内心的自卑。在夫妻关系中，他们不能欣赏对方，互相指责、挑剔，为了减少冲突，又要把愤怒、攻击、敌意隐藏起来。

久而久之，妞妞无意识地内化学习了父母相互攻击的方式，形成了自己的认知，进而对同学充满敌意。在学校里，她也和父母一样，想要把自己变得优秀，但同时，在内心里，她觉得成绩好了，同学就会嫉妒她，就像父亲的优秀被母亲嫉妒、母亲家境被父亲贬低一样。妞妞成绩不好担心被同学嫌弃，犹如在家里，父亲乱放物品不能被母亲包容，母亲学历不高被父亲轻视。

夫妻间回避的冲突和感受，内化到了妞妞的内心，转化成了症状。这些症状在提示家庭：有些情绪和感受需要直面了。

在咨询过程中，我有一个发现：很多父母非常痛恨和厌恶孩子的部分，恰恰是自己内心深处压抑和否认自己的部分。通常孩子身上呈现的让父母难以接受的，恰恰是父母潜意识深处压抑的部分。情绪更是如此。

亮亮是个11岁的男孩，其父母因为他不想上学来寻求我的帮助。

亮亮在家里经常有情绪激动崩溃的场面。有一次，他玩电脑游戏，一连玩了十几个小时不吃不喝，妈妈非常担心，却拿他没有办法。爸爸知道后，迅速关闭了网络。这使亮亮顿时很崩溃，跑到厨房拿起菜刀，逼迫父母打开网络。

通过多次的咨询，我跟亮亮的父母也熟络起来。有一次，我问他们夫妇："咱们家里有一个撒泼打滚的小孩子，现在是你的儿子亮亮……有没有可能，我们内心也有一个像亮亮这样的孩子，想撒泼打滚，但从来不敢呢？"

亮亮的妈妈看了一眼丈夫，同时笑了笑说："我觉得亮亮跟他的爸爸一样，有时候我激怒了他，他也真想拿起刀来收拾我，只不过我清楚他不敢，他一直压抑着。"

丈夫看了一眼，说："我们家的氛围像军队一样严格。我平时工作很忙很累，好不容易盼到了一个周末，想睡个懒觉，但她会在8：30前一定叫醒我，说要给孩子树立榜样，那时候我真想打她！但我又不敢，强大的理性让我平静下来。"

亮亮的妈妈接着说："我是我家里最小的孩子，哥哥、姐姐比我大很多，不只爸妈有权力管我，哥哥、姐姐的很多命令我也不敢违抗，我要乖乖地看他们的脸色行事，从来不会像亮亮这样随意任性。我发现，我其实也是想随性而为，但是我不敢啊。"

他们开始认识到，亮亮的情绪失控和崩溃的样子，可能是自己内心深处极度压抑不能表现出来的状态。

随着治疗的深入，夫妻双方都开始关注和接受自己内心的小孩拥有各种欲望和想法，而不是把那些欲望和想法压抑下去，家里的氛围也慢慢地开始变得轻松起来。

在工作中，我发现很多患有抑郁、容易情绪失控的孩子往往拥

第7章　孩子会表达我们无意识回避的情绪和感受

有极度理性、性格刚强的父母。

小慧是一所重点大学大三的学生，爸妈在小慧三岁时就离婚了，小慧一直跟妈妈一起生活。从离婚那一刻起，小慧妈妈毅然决定不能因为自己离婚给小慧的成长带来影响，一定要把小慧照顾好。她想更努力地工作，挣更多的钱满足孩子。妈妈工作确实十分努力，做了几年高管后，辞职开了家公司，公司经营得有声有色。

小慧三年级前的学习成绩非常出色，妈妈特别开心，总是跟亲朋好友说她的女儿特别优秀，是上清华、北大的料。小慧也因此非常开心得意。四年级时，小慧在期末考试中成绩一落千丈，数学仅仅得了60分。妈妈得知小慧的成绩后，非常失望，但还是强忍着怒火，平静地对小慧说："没什么，你自己努力就好了。"小慧非常失落，妈妈虽然没有表达不满，但是小慧读到了妈妈的失落。高中时，小慧的物理成绩不好，在学习上有了困难，她担心让妈妈失望，不敢跟妈妈讲，自己常常熬到凌晨4点钟独自在房间"啃"物理习题。

小慧的不懈努力，也让她如愿考上了重点大学。上了大二后，有一门专业课，小慧学习起来非常困难，自己独自想了很多办法，考试还是挂了科。挂科之后,小慧整夜睡不着觉,担心自己毕不了业,她感到非常焦虑,医生诊断小慧患上了抑郁症。当妈妈得知小慧的情况时,还是跟小慧说:"没什么的,即使大学毕不了业,我也能接受。真的没什么,我知道你还有很多选择的机会。"小慧的妈妈表面看似对女儿的接纳,实则很难面对女儿脆弱的部分,也就是女儿的焦虑、恐惧。

妈妈很害怕自己倒下,一直挺着让自己坚强起来,不是没有脆弱,而是要把脆弱掩盖和压抑下去,而掩盖下去的脆弱、痛苦都被女儿无意识地承受了。

小慧的妈妈辞职创业来照顾小慧,是有很多艰辛和不如意的,那些压抑的真实的情绪和感受都会无意识地呈现在关系中。

小慧的妈妈通过强大的超我,隔离和压抑自己的情绪和感受,让自己看起来很坚强;而小慧就无意识地用更大的、更崩溃的情绪甚至症状告诉妈妈,这些情绪和感受是需要被关注和重视的。

临床案例中的孩子看起来是不想上学了,患上了抑郁症,其实是孩子用显性的情绪和症状在帮助父母言说着家庭当中不能面对和言说的情绪和感受。

第 7 章 孩子会表达我们无意识回避的情绪和感受

这时候如果我们把家庭看成一个整体——一个人，孩子就像是"本我"①，他有很多原始的需求，需要满足，需要关注，需要被看到；父母则像是严苛的"超我"②，要把那些原始的欲望狠狠地压抑下去。这时候整个系统就要发展一个可以协调的"自我"③，让"本我"和"超我"对话，和平共处，让这些情绪和感受可以以安全的方式自然流动起来。

---

① 本我指的是人的潜意识，代表了人类最本能的冲动和欲望。
② 超我遵循内在的良知、社会的准则、道德的判断，对"自我"加以指导，对"本我"加以限制。
③ 自我是理性和机智，它按照原则行事，对"本我"加以控制和压制。

第 8 章

横亘在亲密关系中的情绪暗流

第 8 章　横亘在亲密关系中的情绪暗流

很多伴侣都想与对方靠近、亲近，然而，在生活中，你会发现越是向对方靠近、亲近，越难以达成。

在深入的关系探索过程中，我们发现，在伴侣双方的交流互动中，会引发大量各自的复杂情绪和感受，而这些情绪和感受相互碰撞、发酵，形成无形的、巨大的情绪暗流，横亘在亲密关系中，使亲密关系中的沟通受阻。

我在这里分享三种亲密关系中存在的情绪模式。

第一种情绪模式：妻子带着强烈的情绪炸弹扑过来，把丈夫炸懵了……

小黄和妻子相恋 13 年，结婚 5 年，婚后一直两地分居。妻子在外地读研、读博，最近决定博士毕业后回到丈夫所在的城市工作和生活，与小黄团圆。这是夫妻二人梦寐以求的愿望。

当相聚就在眼前，妻子发现自己有些紧张和担心，即将到来的

陪你的情绪坐一坐

团聚唤起了她内心很多的不安和焦虑。

她非常想跟小黄好好聊聊，想让丈夫能理解并支持自己，于是约了对方视频聊一聊。

当妻子对着屏幕，刚准备开口说话的时候，眼泪不受控制地流了下来（她自己也未料到），她非常伤心和委屈地说："一想到我们要在一起生活了，就不由自主地感到特别紧张……我们刚结婚不久，有一次你妈对我说，'你要多做家务，把家务做好，照顾好小黄。'我压力很大。你当时也没反应，我多希望你站出来，对你妈说，'妈，你别管那么多了，你放心，我们俩会照顾好彼此的。'"

妻子越说越委屈，对着屏幕抽泣起来。而视频另一头的小黄一脸茫然——本来他满心欢喜地应邀与日思夜想的妻子视频聊天，此刻却对着哭得泣不成声的妻子不知道该说什么，整个人僵住了。

待小黄缓过神来，开始有些生气和愤怒，他读出了妻子对自己的愤怒和指责。于是，他给妻子发信息解释：我为你做了那么多，你都看不到，也感受不到……止不住的情绪推动着信息一条接一条喷射式地发送给妻子，两人开始在微信里大吵起来。原本是想好好谈一谈，却变成了两个人激烈的战争。

从此，类似这样的吵架在小黄和妻子之间几乎隔几天就来一次循环。

在他们的关系中，到底发生了什么？

妻子在意识层面想和丈夫好好沟通一下并靠近，很想把一些事情平心静气地说清楚，而在无意识中却会带着一堆混杂的情绪扑向丈夫，总是不受控制地先扔出大量没有消化的情绪和感受，而这些混杂的情绪像炮弹一样，每次都会把丈夫炸懵。当丈夫缓过神来，情绪也被激活和点燃，愤怒、委屈等很多复杂的情绪也如火山般喷涌而出。两个人似乎都在闭着眼睛自顾自地向对方疯狂地发射大量的情绪炸弹，导致越沟通，关系就越远离。于是，妻子越想靠近，丈夫逃的速度就越快。

在他们的互动中，妻子的委屈、抱怨与丈夫的愤怒、恐惧、不安混杂在一起，夹杂在亲密关系中。

妻子无意识层面强烈的攻击、指责和愤怒是很难让人直面的，而丈夫认同了妻子的攻击、愤怒、不满，并给予还击，此时两个人都同时退行了。夫妻间这种投射性认同的游戏不断重复上演，也将他们各自的创伤与情结不断地重复着。

妻子特别想得到丈夫的情绪支持，却不由地退行到止不住的哭泣状态，而这恰恰是小黄内心深处最恐惧、最担心、最害怕的状态。妻子坚定无比地想让对方成为接纳自己的坚强后盾，而丈夫却是一个一有情绪的苗头就无比恐惧、慌张的小孩。

如果在夫妻关系中经常会重演这样的情绪深度碰撞的游戏，那该怎么办呢？只要有一个人不玩了，这种游戏就会停止，接下来就是每个人开始为自己的情绪和感受负责。

现实生活中，像小黄夫妇这样的例子有很多。有很多男人害怕妻子找自己认真地谈谈，他们害怕谈的时候，对方会有一堆混杂的怨气出来，最后搞得不欢而散。

第二种情绪模式：我们彼此都很在意对方的感受，我千方百计"帮助"你、安抚你的情绪……

我是在一次旅行中认识Z先生和他太太的，他们看起来彼此恩爱有加。

听说我是心理咨询师，他们对我都很感兴趣。两个人约我一起吃饭。太太说："我性格大大咧咧的，有时候爱发脾气，先生一看

第 8 章　横亘在亲密关系中的情绪暗流

到我发脾气就很紧张，马上变得小心翼翼，不敢说话。我一看到他紧张，就觉得自己做错了，不应该发脾气。可是我就是改不了呀……你能告诉他一些方法，让他看到我发脾气的时候别紧张吗？我其实也调整过，想不发火，不把他搞得紧张兮兮的，可是我就是这样一个人，我忍不住啊！"

我笑笑，看了看坐在对面的Z先生。Z先生说："许老师，她有一点点小事就发火，发完火跟没事似的。人都说气大伤身，我很担心她这样发火会伤了身体。她说她看着我紧张有内疚感，我也想过办法调整，这个办法就是离她远一点，可是我还是会担心她呀，有什么办法让她别发火吗？"

我说："你们都很在意对方的感受，太太希望自己生气后先生不要紧张，先生想让太太不要总是生气，你们都想帮助对方。我如实地告诉你们，我真的没有办法帮助你们完成心愿，但我想说，你们可以尊重和重视自己的情绪和感受。太太可以想一想，当先生紧张的时候，自己是怎样的情绪和感受，先生也想一想，当太太生气的时候，自己的紧张背后还有什么样的其他感受。"

双方都想帮助对方，让对方不要有情绪，却很难停下来体会和直面当对方有情绪的时候自己内在的真实感受，他们各自内心的情绪和感受以隐性的方式真实存在着。

那天晚上，Z先生的太太发信息对我说："我和先生的关系确实很好，互相照顾……有时候会主动对先生提出需要，先生总是推脱……"我建议她面对自己真实的情绪和感受，跟先生好好谈谈，同时可以尝试去做家庭治疗。

一年后，我接到Z太太的电话，她很惊喜地告诉我，他们现在生活回归了正常。他们听从了我的建议去做了家庭治疗。在治疗中发现，他们的沟通方式阻碍了真正的亲密关系。

妻子每次发脾气，都会令先生紧张，先生一紧张，就更害怕跟太太有亲密的行为，而妻子对此是不满的，但她总是压抑着自己的不满，不能直接表达，所以就更容易通过发脾气来发泄心中的不满。无意识的、隐藏的情绪横亘在亲密关系之中，使得关系不能真正地亲密。

在亲密关系中最容易勾起双方早年的情结和创伤体验，双方在互动中，都十分"努力"，非常执着地一遍遍让对方成为接收自己情绪的容器，却越努力越挫败，越挫败越不甘心放弃，所以情绪共舞的游戏一遍遍重演，成为关系中的重要互动内容。

在关系中的双方，只要有一方停下原来的脚步，从体会和感受自己当下的情绪开始，承受和体会自身内心深处真实的情绪和感受，深度认识自己，改变就会真正地发生。

第三种情绪模式是：我们彼此相敬如宾，但那些各自的真正的情绪和感受是不能言说的……

10岁的阿利暑假去姑姑家做客，姑姑一家三口对阿利非常热情。阿利的姑父是位特级厨师，每天晚上都会做一桌大餐招待阿利。阿利在家里就能吃上特级酒店才能享用的色香味俱全的高档菜肴，感到既开心又羡慕。在做客的第五天晚饭时，姑父照常做了一大桌子的美食。临上桌前，姑姑把阿利叫到洗手间，悄悄地跟阿利耳语："今天姑父做的菜盐放多了，你千万不要说呀，否则姑父以后就不会给我们做饭了。"阿利还没缓过神来，就被姑姑拉到了饭桌前。阿利看到表弟吃了一口菜，皱了一下眉头。姑姑马上大声喊着表弟的名字说："爸爸今天炒的这个菜是你最爱吃的，特别好吃，是不是？"表弟尴尬地笑笑："是啊！"姑父也夹了口自己做的菜，突然问："今天这菜有点咸，阿利，你觉得咸吗？"阿利尴尬地看了姑姑一眼说："刚刚好。"

渐渐地，阿利发现姑姑家里人都很友好，但是关系中总是掺杂着或多或少的虚假和客套，真实的情绪和感受总是不能自然而然地流露和表达。

几年后，阿利得知姑父出轨了，夫妻俩正准备离婚。阿利给姑父打电话询问原因，姑父对阿利说："你姑姑很好，但是我感受不到她对我的亲近。"

阿利十分不解，姑姑和姑父看起来都是很好相处的人，为什么姑姑在家里不敢表达真实的情绪和感受呢？她决定问问姑姑，并询问当年不让自己说出姑父做菜咸了的原因。姑姑说："我照顾他的感受啊，我害怕他生气了，以后就不做了啊。"姑姑说着说着止不住地流泪。结婚以来，她一直都是小心翼翼的，丈夫也对她很好，但没想到，到最后还是落得这样的结局。

害怕冲突，恐惧冲突，使得他们在亲密关系中变得相敬如宾，小心翼翼。在亲密关系中，担心冲突的情绪本身就是一股破坏关系的强烈暗流。担心意味着不信任，不信任关系中的双方可以适度承载对彼此的不满、愤怒、生气、伤心、难过等多种情绪。关系中只

第 8 章　横亘在亲密关系中的情绪暗流

容纳各种所谓的可以接受的、好的部分，使得关系并不能真正地牢固。

这种不信任和担心是一种无意识的深入骨髓的情绪体验，它源于我们成长早期的母婴互动中的情绪体验，也源于我们在童年的成长经历中在家庭关系中的体验以及与父母的关系，是无意识习得的一种体验。我们在亲密关系中会再次重演和激活这种体验。我们需要意识到我们在关系中的情绪体验模式，而且在后面的章节中我也会谈到，如何在新的关系里去丰富我们新的情绪体验。

第 9 章

共情他人的情绪

第 9 章 共情他人的情绪

共情是人本主义创始人罗杰斯提出来的,是指体验别人内心世界的能力。我们在关系中如何共情别人的情绪和感受呢?

我们先来看一个生活中经常发生的例子。

妻子气急败坏地回到家,告诉丈夫自己在单位被领导批评了,激动地抱怨道:"这个领导总挑别人的毛病,我都这么大年纪了,他还当着新员工的面批评我,真是气死我啦!明天我就不去上班了。"丈夫回应道:"看看,我跟你说过多少遍了,提前退休算了,你就是不听。""好了,我就知道你会说'别干了,别干了',除了这句话,你还会说点别的吗?烦死了!"妻子站起身来,摔门而出。

我想类似这样的场景我们或多或少都遇到过。

我们还是把镜头放慢一些,看看在关系中究竟发生了什么。

妻子气急败坏地回到家,激动地跟先生抱怨领导,她渴望得到怎样的回应呢？

她内心渴望的也许是这样的回应："真是太生气了，老婆你在外面受委屈了，先消消气。"如果这个时候丈夫再给妻子一个拥抱，效果可能会更好。

而对于丈夫来说，当时的状态是怎样的呢？

当看到妻子回到家又一次生气、抱怨时，丈夫感受到的是强大的压力、莫名的无助感、无法言说的烦躁等很多复杂的情绪和感受，蜂拥而至。或许丈夫在外面也有很多让他心累的事情，原本希望回到家能够清净一会儿，所以当看到妻子的状态时，首先勾起了他自己烦躁无力的情绪和感受。于是，他想马上从根本上彻底解决问题，那就是逃避，所以丈夫的回应是："我都说过很多遍了。"其实丈夫想要表达的是："看到你这样，我也是很烦躁的。我给你找到了解决问题的方法，就是辞职不干了，你一直都不听我的建议，现在还来抱怨我，我也很无力。"

妻子没有得到她期待的回应，又跟丈夫烦躁和不耐烦的情绪反应相碰撞，结果可想而知。

第 9 章　共情他人的情绪

共情并不是一种简单的技术，它是一个人在关系中能够与自己和他人的情绪和谐相处的重要能力。

我们要想共情他人的情绪和感受，首先要让自己处于一个心平气和的情绪状态中。而现实中，往往是你对面的那个人的情绪和感受就像钩子一样，钩出了我们很多的情绪和感受。关系中的双方，都处在各自的情绪世界中，每个人都在自己的情绪频道里，这时，他们是没有能力共情到对方的情绪和感受的。

如果我们对面的那个人非常愤怒，他勾起了我们的恐惧，吓得我们瑟瑟发抖，一直都处在担惊受怕的情景中，我们哪里还有心力和能力共情对方呢？

所以，共情他人的前提是，如果对方激活了我们的情绪和感受，那我们就很难处于一个心平气和的情绪状态中。我们首先要试着告诉自己："我有些烦躁、无力。我看到了你们，我知道你们都在，我暂时先把你们放一边，我需要照顾对面的那个人。"当我们理解了自己的情绪和感受后，才能腾出空间接受对方真实的情绪和感受。

张女士是一位 40 岁的母亲，女儿在国内某重点大学读大二。

但近段时间，女儿因学业问题极度焦虑，一想到回学校就担心考试挂科。女儿极度需要妈妈的理解，妈妈也想尽力去理解女儿，但是理解的通道似乎被关闭了。

张女士很焦虑地来找我询问："女儿说我不理解她，我特别想更多地理解女儿，为她减轻焦虑。老师，您告诉我该怎么办？"

在与她谈话的过程中，我发现焦虑充斥母女之间的互动。女儿焦虑，母亲更焦虑。母亲越焦虑，越想理解女儿，甚至想办法找辅导老师帮助女儿解决考试问题，她以为这样就能减轻女儿的焦虑。但是，事与愿违，母女关系之间形成了焦虑情绪传递的恶性循环。

那该怎么办呢？

我建议张女士停下来，什么也不做，体会一下自己的焦虑。当张女士停下来的时候，她发现，当女儿说考试挂科的时候，她极度担心和恐惧。女儿考上这所重点大学实属不易，如果女儿挂科，就会毕不了业，毕不了业就找不到好工作，找不到好工作就等于整个人生就完了……灾难性幻想思维充斥着张女士的头脑。她感到无比恐惧，而这些恐惧是她不敢停下来正视和体会的。

第9章 共情他人的情绪

张女士被这些焦虑、恐惧的情绪笼罩着,使她不能真正体会到孩子挂科背后对孩子来说是怎样的感受,孩子真正的困难到底是什么?

当张女士体会到了自己的焦虑和恐惧后,需要暂时把自己的这些情绪放在一边,慢慢才可以真正开放地倾听一下女儿目前在大学的处境,以及其内心真实的感受。

女儿从小学到高中,一直是班里的第一名。在女儿的心里,坚定不移地考第一是自己的目标,这个目标从小学到高中12年来也从未动摇过。可是到了重点大学,全国各地的学霸和尖子生汇聚到一起,女儿在大学的第一次考试成绩就排到了中游,这让她一时难以接受。她不敢跟妈妈讲,觉得特别羞愧,她暗自发愤图强,可是第二年的考试成绩还是不尽如人意。她开始慌了,心里特别难受。她经常一个人躲在宿舍里,室友叫她一起学习、参加社团,她都拒绝了,她也不敢跟别人说出自己心里真实的想法,担心同学笑话和鄙视自己。大二学期期末考试,她开始挂科了。

我们有时候也会像张女士那样被情绪淹没和裹挟,感受不到对方真正的困难与困惑,更不用说共情了。

共情需要为对方提供一个情绪涵容的空间,倾听在前,表达在后。共情他人的情绪和感受,很重要的一点是倾听,能够让对方说出自己想说的话,并且说完。很多心理咨询师都清楚,不说话不回应其实更需要我们的耐心、专注和心理承受力。

这里,我邀请大家感受一下关于共情的一组对话。

A:我被这件事情气死了。

B:气死了。(可以平心静气地重复他说过的话)是怎样的生气呢?

A:想骂人,想打人。我感到受了委屈,有种不被重视、不被尊重的感觉,很愤怒。领导在一个新人面前骂我,我感到特别羞愧。

B:你说你对领导在新人面前骂你感到很愤怒,很羞愧,是吗?

A:是的,很羞愧,我最忍受不了的就是这种场景。其实,我一直挺想上班的。我知道你关心我,担心我太累了,想让我提前退休。我知道你的好意，可是我就是想上班。我现在好多了，我去做饭去了。

很多时候，如果我们接纳了对方的情绪和感受，当对方的情绪和感受可以流动起来，对方自然可以慢慢地找到属于自己的答案。我们不要急于给对方建议，那并不是对方当下真正需要的。我们急于帮助对方，给对方建议和答案，对方强烈的情绪和感受往往会激活我们内心的无助和无力感。我们不要急于帮助对方，更不要改变对方，在与对方谈论情绪和感受的时候，尊重对方当下真实的情绪和感受尤为重要。在共情他人之前，观察一下对方当下的状态。

如果对方当下正处在暴怒之中，我们可以让对方先发一会脾气，让对方先"炸一会儿"。告诉你自己，什么也不要做，此刻做什么都是火上浇油（当然了，在那个当下还需要体会一下我们什么也不做的感觉）。当对方平静下来的时候，我们可以尝试着平心静气地问问对方是怎么生气的。记住，刚开始共情时，我们的语气要温和，并愿意怀着开放的态度去倾听。

如果对方沉浸在高浓度的情绪（比如大哭）中，我们也可以陪对方哭一会儿，给对方提供一个可以哭的、能够涵容对方情绪的空间。慢慢地询问对方："你为什么伤心？"陪伴对方和他的情绪待一会儿。

有些人面对和体会自己的情绪是有困难的，因为他们暂时还没有能力面对和理解他们的情绪和感受，我们更要尊重他们当下的感受。如果对方说不出自己的情绪和感受，我们可以试着与对方一起核实其情绪和感受："你是有些不舒服吗？你很难过吗？你很伤心吗？"允许对方不是迅速地回答我们，或者干脆不回答我们。我们也可以做对方的镜子，把我们观察到的对方当下的状态、行为和变化反馈给对方："我看到当你提到你妈妈时，你的脸变红了，你的语速变快了，你的声音变大了，你说话开始有些结巴了，你的腿开始在抖……"心理学中有个专业术语来描述这种现象，叫作"白描式反馈"。帮助对方去理解自己，而不是一味地表达我们对对方的理解。

要想真的看到和感受到对方，我们需要放下我们在关系中的情绪情感投射，也就是不要把我们的情绪和感受错认为是对方的情绪和感受。生活中常流行的一个段子，就是你妈觉得你冷，你应该穿上秋裤。其实是妈妈感觉到冷，然后把冷的感觉投射给了孩子。妈妈不相信孩子自己可以体察冷或不冷，并对自己负责。在情绪情感中，我们常常会把我们不能面对的情绪和感受投射给身边的人。放下我们的投射，跟对方核实其真实的情绪和感受。

人们总是寻求被理解、被接纳、被关注。但真相是，不管我们如何努力地去读一个人，我们都不可能完全理解，而我们对自己的理解，仍仅是冰山一角。有时候我们在意识层面很清楚这一点，但在无意识深处，我们却有着跟他人高度融为一体的强烈需求。在亲密关系中更是如此。

对于真正的共情，更为重要的是，接受我们自己不能完全理解对方，放下理解对方的全能感，怀着愿意去理解对方的态度，去探讨、经历、体验对方的情绪和感受变化的过程，这才是共情他人该有的态度。在这个世界上，人本来就是孤独的，没有一个人是完全理解另一个人的，也没有一个人能够完完全全理解其自身，但是，我们愿意一直走在理解自己和理解别人这条路上。

或许，你可以坦然告诉对方：我也许真的不理解你，但是我愿意陪你一起理解你自己。

第 10 章

让关系变成体验和面对
情绪的资源

第10章　让关系变成体验和面对情绪的资源

我们了解到形成自身情绪反应模式的一些重要因素，其中一个就是我们从早期的重要养育关系中体验和学习到的情绪表达方式。重要关系可以让我们形成情绪反应的模式，也可以让我们在新的重要关系中重新学习和深入体会我们的情绪和感受的方式。我们可以充分利用现有的重要关系培养我们意识化面对情绪和感受的能力。

我们可以通过面对情绪和感受，让情绪在关系里流动，逐步让自己的亲密关系变成一种互相滋养的关系。如果我们在关系中能够充分接纳来自对方的情绪和感受，并可以沟通和交流各自情绪背后的故事，我们就可以在亲密关系中建立沟通情绪的通道，关系中的各方都可以充分意识化表达自己的情绪和感受，而表达情绪和感受同样会改善亲密关系。

2016年，一对即将迈入婚姻殿堂的情侣找我来解开他们之间关系的困惑。他们同居八个月后发现，近距离深入接触打碎了他们彼此在关系上期许的梦。他们对彼此都有些失望和不满，总是为一些很小的事情争吵，每天都会有很多情绪不知道怎么面对，他们决定一同寻求心理咨询。

在与他们的互动中，我发现，他们彼此都很愿意让对方知道自己的情绪和感受，但不能停一下体会和感受对方的情绪和感受。在关系里，双方都有很多的委屈，都想让对方满足自己。于是，在一次咨询快要结束时，我给他们留了一个家庭作业："每天定时抽出半小时的时间专门用来聊天，聊天的形式有些特别，一个人全程听，一个人全程说。一三五，男生说，女生听；二四六，女生说，男生听。"做了几次后，他们暂时结束了咨询。

五年后，这对情侣又回来找我，他们已经结婚了。我五年前给他们留的家庭作业，他们一直都在坚持做，而且双方通过沟通交流呈现和面对彼此真实的情绪和感受，让彼此有了真正深入的了解。

现实中，像这样能够愿意停下来倾听彼此，共同为关系负责的情侣并不多见。我们经常说，夫妻是前世的债主。热恋的时候，对方给我们带来了很多美好的时刻。双方都极力满足对方，努力成为对方需要或是理想的样子。心理学界有个说法，说找对象在潜意识里是"对一对、看一看，像不像我们理想的父母"。很多人心智还

第 10 章 让关系变成体验和面对情绪的资源

没有真正发育成熟,在找恋人的时候,投注了一些希冀和渴求,无意识深处是在找爸爸或者妈妈,来满足自己早年关系中的缺失。当恋人进一步深入接触,同居或结婚后,对方原本真实的样子就会慢慢出现。如果对方无力满足自己内心和现实中的缺失,自己就会对现实的关系开始产生失望、不满、委屈、愤怒等多种复杂的情绪。在无意识中觉得对方应该满足自己,如果没有,就会觉得对方亏欠了自己,于是相互抱怨和不满,就变成了一种讨债式的关系。

当这种情况出现,你要么先忍着,时不时地争吵,要么索性放弃,然后把关注点转移到孩子身上,于是孩子开始无意识承受夫妻双方很多希冀、愿望,以及无意识的情绪和情感。

或者,你可能会转身进入下一段关系,但是这些无意识的情绪和感受没有面对、承担,终将也会在下一段关系中继续重复。

我们该如何让关系变成体验和面对情绪的资源?如何通过面对情绪和感受促进我们进入真正为自己负责、为关系负责的健康的关系模式呢?

首先,我们需要从面对关系中失望的情绪开始。不是依靠对方来满足,而是我们主动去承受这个失望的开始。

在亲密关系和亲子关系中，对方的行为使我们最生气、最愤怒、最不能接受的部分，往往是我们自己最需要面对的。

我一直强调，不是对方做了什么，有怎样的状态让我很生气，而是对方的状态激活了我的哪些情绪和感受。我需要体会这些情绪和感受，为这些情绪感受负责。

小丽一看到老公对着儿子发火就很生气，也很无助。慢慢地她开始停下来面对自己的生气和无助，她体会到了生气和无助的背后还有很多恐惧。当老公对着儿子发火的时候，她的内心会出现一个瑟瑟发抖的小孩子，就像五六岁的自己，那时的妈妈经常对着自己发火。当时，爸爸调到了外地上班，妈妈一个人带着小丽。每当早上上学稍有磨蹭，妈妈就对着小丽吼道："你这个小跟班儿，能不能快点儿！整天磨磨蹭蹭的，再这么慢，我就不要你了，下次你爸回来，让你爸给你带走……"每当想到这些的时候，小丽就要哭。她看到当老公对着儿子发火的时候，儿子也并不像当年的自己那么害怕。

同时，小丽在清晰理解了自己的情绪和感受后，可以平静地跟老公沟通，并不再指责老公："当你吼儿子的时候，我很害怕。"老公也渐渐开始面对自己，反思为什么总是对着儿子发火。

当对方的行为激活了我们内在的感受，当我们平静下来可以沟通的时候，我们可以试着停下来看看对方真实的表达，慢慢试着去相信对方，可以直接说出对对方的需求，同时也允许对方拒绝我们。

我们总是期待对方接受我们的感受，才能确定自己的情绪和感受。我们不妨慢慢试着接受自己真实的情绪和感受，告诉对方自己有什么样的情绪和感受。如果对方确实无法接受，邀请对方给我们一个空间来面对这些情绪和感受。

在亲密关系里，我们可以意识化关系的情绪节点。

方先生的太太有点小脾气，她希望先生能接纳她的小脾气，但方先生一看到太太发脾气就紧张。他们的互动情形经常是这样的：太太发了脾气，先生开始紧张；太太看到先生紧张，脾气就更大；太太脾气更大了，先生就更紧张……

有一天，他们夫妇俩开始意识到他们的互动模式可能有问题。太太开始反思：我为什么不能接受先生的紧张？先生开始反思：我为什么不能接受太太的生气？太太从先生的身上看到了小时候妈妈的影子，只要爸爸一生气，妈妈就紧张，小时候的她看到妈妈紧张，她也会紧张，她很想助妈妈一臂之力。先生从太太的身上也看到了小时候妈妈的影子，妈妈动不动就生气、大吼，自己总吓得瑟瑟发抖，总觉得自己做错了什么。他们都开始体会自己的情绪和感受，并告诉自己，今天的情形和当初不一样了。

亲子关系其实也是一样的，有的妈妈经常因为打了孩子而内疚，在她的意识里，她真的清楚地知道该怎么对待孩子，但是有些时候就是控制不住，该怎么办呢？

我们可以邀请孩子帮助我们，告诉孩子："妈妈打了你很后悔，但是妈妈看到你的一些行为，就是控制不住自己。下次再出现这种情况，你要提醒妈妈，'妈妈，你又开始发火了'。"如果我们还是控制不住，这个时候就尽量走开，一个人静一静。孩子大都愿意帮助我们。

通常，我们最不能接受的，也是孩子最容易激恼我们的部分，恰恰也是我们最该面对的情绪和感受。我们也许可以从孩子身上看到、感受到曾经的自己。如果我们能意识到这部分，我们也会真正

第10章 让关系变成体验和面对情绪的资源

让自己陪伴孩子一起成长、一起去体会我们内心丰富的情绪世界。

在亲密关系和亲子关系里,如果我们能放空自己,真的能停下来体会身边不同的人的情绪和感受,也会帮助我们面对自己的内心,整合我们内心各种情绪和感受。心理学家说,我们身边的人就是我们的潜意识,他们也在帮助我们表达自己内心不能面对的情绪和感受。

40多岁的韩先生在一线城市从事管理工作,妻子在一家大型IT企业任职高管,他们还有一个12岁的儿子,一家三口和父母生活在一起。

自从儿子上小学五年级,妻子和儿子因为写作业的事每天都会发生冲突,严重时甚至互相动手。每次和儿子发生冲突后,妻子就会指责先生对孩子放任不管,然后歇斯底里地破口大骂一家老小。刚开始,韩先生的父母还会劝说母子,拉开扭打的母子俩,但往往两个人会扭打得更猛烈。后来当母子二人再发生冲突时,韩先生的父母索性回到房间不管了,但是他们对于儿媳的破口大骂是非常愤怒和不满的,每次都是把自己关在房间里强行忍耐和压抑。母子俩互相厮打成了家常便饭,韩先生甚是苦恼。每次妻子和儿子吵架的时候,他都会愣在那里,不知所措。

一天,母子俩因为作业的事情又动起手来,韩先生突然一改常态,站起身来呵斥妻子和儿子,但妻子和儿子对他的呵斥置若罔闻。此时,韩先生走到妻子跟前,用力拉开妻子,一拳打在了妻子胸口上。妻子被韩先生的行为惊呆了,因为先生在自己的心里一直是一个文弱书生的形象,从来没有大声说话过,更别说动手打人了。妻子停止了和儿子的厮打,但没过一会儿,又开始痛哭流涕,大声哭诉:"你竟然敢打我!"第二天,妻子的胸口还是很痛,于是去医院检查,发现竟然被先生打成了骨折!韩先生也被自己的行为吓坏了。

夫妻俩开始寻求专业的心理辅导。通过一段时间深入的咨询,韩先生发现妻子非常容易暴怒的情绪根深蒂固地同时存在于自己内心深处,父母回避的方式也是自己对待情绪的惯常模式。这两种对待情绪的两极化方式都是自己的情绪反应模式的一部分。韩先生开始理解和接受妻子暴怒背后的恐惧和担忧,以及父母回避和压抑背后的愤怒与无奈,慢慢地可以通过言语将这些表达出来。

如果你很难在现实的关系里体会、面对情绪和感受,找一个心理咨询师，内化一种新的关系模式、新的情绪反应模式也是一个不错的选择。

停下来体会一下自己的情绪和感受，看看身边的人都有哪些情绪和感受。

第三部分

如何与情绪友好相处

第 11 章

为自己的情绪和感受负责

第11章　为自己的情绪和感受负责

做心理咨询师以来，经常有朋友或者来访者问我：我老公有情绪问题，动不动就发火，或者我孩子有问题，总是哭，我该怎么帮助他们处理情绪问题？有一些来访者来找我做咨询的目的就是想让我给支个招儿，帮他们搞定身边情绪失控的、暴怒的、伤心的人。

某所中学邀请我给学生家长讲一讲《如何与青春期的孩子相处》的课程。听课的大部分都是家长，只有几个中学生。课程结束后，有一位妈妈主动问我："我家儿子初二下半学期学习成绩急速下降，突然变得特别内向，不爱说话。老师，您可不可以给他做一下心理咨询？"还没等我回答，这位妈妈就往听课结束后往外走的人群方向喊："×××，你过来，给你约一下老师的心理咨询。"我看到一个身高大约1.8米的大男孩儿迟疑了一下，很快走到了我们的面前说："老师，我妈有很大问题，您跟她聊聊吧，最好让她跟您咨询一段时间。"然后扭身就走了。"老师，你看看这孩子……"妈妈非常无奈地表示道。还没等我跟这位妈妈说上话，她也扭身走了。

她来找我的目的就是让我帮助她的儿子。我想当时她和儿子听了我的课，应该或多或少都有一种理解和触动，也都愿意主动找我寻求帮助。不过，他们想从我这里得到的帮助仅仅局限于让我帮助他们改造对方，他们都把改善自己在关系里不舒服的体验寄托于对方的改变上。这样的场景在我做心理咨询师的这些年屡见不鲜。

上面提到的那对母子，都执着于改变对方，而没能停下来体会对方的行为给自己带来怎样的情绪和感受。我们常常被这种强烈的未被意识到的情绪和感受所驱使，执着于改变对方，认为对方改成我们希望的样子，问题就会解决。虽然他们清楚地认识到，改变别人是非常困难甚至是不可能的，但在其潜意识中要去改变对方的愿望非常强烈。在关系中纠缠痛苦的双方，只要有一个人能够先走出来，勇敢面对，为自己的情绪和感受负责，就可以使关系慢慢松动和改变。

小乐毕业后在深圳一家设计公司就职，上司技术过硬，也愿意带他，跟着上司能学到不少东西。他对这个工作比较满意，但唯独受不了的就是上司时不时地暴怒。小乐是一个善于观察的人，他想摸索上司暴怒的一些规律，找到触动上司暴怒的源头，以避免出现让上司暴怒的情况。后来他真的找到了一些规律，比如，上司一听

第11章 为自己的情绪和感受负责

到在做项目时有交接工作，同事没有交接清楚时就会大发雷霆。小乐很努力，把他的发现告诉了部门的其他同事，还和同事一起做了更详细的交接工作清单。一段时间后，上司已经很少发脾气了，小乐开始轻松了起来。可是过了些天，上司又为一件工作上的小事暴怒了，当时小乐的心跳飞快，很久都没缓过神来。慢慢地他发现，想办法避免上司不发火解决不了自己的困惑，而真正需要停下来面对的是，他为什么对上司发火有如此大的反应。

很多时候，人们会把自己不愿面对的情绪和感受投射给身边的人。

心理学家克莱因提出过一个专有名词叫"投射性认同"，什么叫投射性认同呢？通俗地说，就是指在关系中把自己的东西投射给对方，并且诱导和暗示对方按照自己的方式去进行反应。

在给咨询师做督导的过程中，我曾说了对个案更有深度的理解，建议咨询师可以尝试给些诠释与反馈，或者面质一些个案前后不一的信息。有些咨询师会问："许老师，说得这么直白，来访者会难过得接受不了吧，是不是我还要多抱持他一段时间？"大多时候不是来访者难过得接受不了，而是咨询师自己投射了一个难过得接受不了给来访者，使咨询不能深入下去。有时候，我会尝试着让咨询师在督导现场演示，把我当作她的来访者，说出那些她觉得来访者难过得接受不了的诠释、面质。当演示的时候，咨询师体会到，即使是面对我，自己都很难开口说出那些话，慢慢体验到了自己是如此紧张和担心。这时，在咨访关系中，咨询师投射出来的是自己不能面对的恐惧，而咨询师需要直面自己的恐惧，为自己的情绪和感受负责，才是对咨访关系负责。

生活中这样的例子也很多。有的人还会在关系里投射"你就该为我的情绪和感受负责""我就应该对对方的情绪和感受负责"。

几年前，有个自称小林的人在我的微博上留言：

我刚到公司的时候，工作特别认真，那时候单身也没有其他的事情，经常加班到深夜两三点。领导看到我的表现后也称赞我很努力，我没过多久就被提拔了。公司里的其他同事都有家有孩子，不能像我一样加班，而是一到下班时间就马上回家，领导的脸色就会很难看。工作两年多后，我找了女朋友，工作也不是我生活的全部了，可是领导还是一如既往地给我安排工作。我不敢拒绝，我担心拒绝了他，他会不开心。许老师，你能给我支个招儿吗？怎样才能

第 11 章 为自己的情绪和感受负责

让领导既不安排我加班,同时他又能很开心呢?

这个小林就在关系中投射了"我该为我的领导的情绪负责,我不能让他不开心"。

我当时回了几句话给他:"在领导不开心的时候,你有什么感受?会想到些什么?"

一个月后,他回了一封很长的信给我:

您提出的这个问题让我想到了我和我妈妈的关系。小时候,妈妈对我的学习要求就是要拿前三名,成为读书人。从小学到大学,我都在好好学习,尽量满足妈妈的愿望,让妈妈开心成了我无意识的渴望。我一直都很认真读书,小升初成绩公布时,看到妈妈掩饰不住的喜悦,兴奋地给各个亲戚打电话告知信息,我满心欢喜。中考考上重点高中时,妈妈居然激动得哭了。高考考上重点大学时,妈妈在当地的高级餐厅宴请亲朋,举杯敬酒时说道:"我这一辈子,看到儿子这么优秀,真的值了!"

一步步、一遍遍地满足妈妈的愿望,是我这 20 多年人生的写照。

离开妈妈后步入社会,无意识中我还是在寻找内心里的"妈妈",我的顶头上司就被我"投射"成了内心的"妈妈"。让领导满意和开心成了我一直以来的愿望,我担心如果我不能让领导开心满意,我就是一个不好的孩子。同时,我也更担心,如果我不加班,让领导不开心了,我可能就会被领导抛弃了。

小林不能在职场中以一个平等的、职业的身份与公司合作,加班成了为领导开心而加的班,恰好,他加了很多班,领导也给了他期待的回应,如升职加薪、表扬。如果领导没有给他需要的回应,久而久之,他就会生出一种怨气:我为你做了这么多,加了这么多班,你都没有回应。时间一长,就容易陷入失落和痛苦之中。

在婚姻关系、亲子关系中,类似对"你就该为我的情绪和感受负责""我就应该对对方的情绪和感受负责"等的投射很多,过度的认同和不认同都会令人痛苦不堪。

回到自身,我们每个人都要为自己的情绪和感受负责。切断这种投射性认同的游戏,可以创造一种平等的、真实的方式进行连接。

也许你会问我,那我们是不是可以不在意别人的情绪和感

第 11 章 为自己的情绪和感受负责

受呢？

在意和负责是两个不同的概念。一个情绪成熟的人，首先要为自己的情绪和感受负责，才会真正有能力去体会和在意其他人的情绪和感受。

第 12 章

体验情绪

第 12 章 体验情绪

什么是体验情绪呢？从字面意思来理解，就是当情绪来临时，要主动去体会我们身体的感觉和变化。一个完整的情绪体验过程包括主观体验、生理唤醒和外部行为三个组成部分。

我们常常不太习惯感受和体验情绪。很多时候，我们总是把情绪和感受压抑下去，尤其是那些我们认为糟糕或不好的情绪和感受。我们的大脑把情绪分成正性情绪和负性情绪，这种做法根深蒂固。在心理学中，是没有正性和负性情绪之分的，所有的情绪都需要被尊重、关注和接纳。情绪本身并无正性和负性之分，我们需要慢慢调整的是表达情绪的方式。

很多时候，我们之所以害怕体验情绪，是因为有些情绪会让我们感到痛苦。我们采取回避的方式是在回避我们内心深处不愿直面的痛苦，但很多痛苦是回避不了的，所以人们常常被动体验着情绪而不自知。

小江和丈夫离婚了，带着七岁的儿子独自在一线城市生活。小江发誓一定要带好儿子，不能因为自己离婚给儿子的童年带来阴影。儿子读一年级后，老师经常因为儿子注意力不集中、上课走神不听讲给小江发信息。小江收到老师的信息后，马上通过网络、图书馆查询提高孩子注意力的方法并用到儿子身上。小江经常在下班后深夜"训练"儿子，但适得其反，老师的信息发得更频繁了，儿子在学校的表现也越来越糟糕。几个月后，小江控制不住自己，动手打了儿子，打完儿子后歇斯底里地大哭起来。再后来，每天看见儿子就有抑制不住的愤怒涌上来，发火、打孩子成了家常便饭。

小江每天重复着并无意识地被动体验着愤怒、无助、恐慌等多种情绪。直到有一天，她与一个离婚多年的同事聊天，小江慢慢意识到，自己太好强了。当初小江因为丈夫出轨而选择离婚，她是非常愤怒、悲伤和难过的，而这些愤怒、悲伤和难过的情绪一直被好强的小江压抑着。小江一个人带着儿子，也有很多艰辛，有很多难过、委屈和悲伤的情绪，她都不想体验和面对。但因为这些情绪一直都在，并长期被忽视，久而久之，一旦有一个导火索，这些情绪就会被点燃，像岩浆一样喷涌而出，无法控制。不主动体验这些情绪，就会被动体验它们。

慢慢地，小江开始寻找朋友倾诉，或者自己写心情日记，甚至允许自己在洗手间里哭一会儿，用来体验这些情绪和感受。渐渐地，她人变得更平和了，与儿子的关系也改善了，儿子在学习方面也可以集中注意力了。

在日常生活中，我们可以有意识地主动体验和感受情绪，提升幸福感。

在这里跟大家分享一下我主动体验情绪的小故事。

我是北方人，我在北方的时候，是不太爱吃面食的，可是到了南方，却特别喜爱吃面食。而我从南方回到北方，也不怎么吃面食，而待在南方的时候，总是有种特别想吃面食的冲动，甚至有时候会有马上就要吃的冲动。

我停下来开始体会。我在南方强烈地想吃面食，这种冲动的背后可能是一种对家乡的思念之情。当我意识到这种情感，我可以带着对家乡的思念之情，约上几个朋友，在南方找个北方风味的餐馆，一边聊、一边慢慢享受，主动闻一闻北方面食的麦香味，慢慢体会面食放到嘴里的感觉，深深体会面食的软硬度。用身体体验这些感觉，就会有种愉悦和踏实的感觉。在这个过程中，我意识到了我喜欢吃面食，体会开心和思念的情绪，同时我的嗅觉和味觉都处于被唤醒的状态，体验着愉悦、踏实、安全，行为也在自然而然地表达着开心。

这可以说是一个完整的情绪体验过程。

当我们非常喜欢吃某种食品，往往是通过这种食品无意识地连接了一个我们内在的需求，对这种食品有一种特殊的情感上的连接，想吃的这类食品是带着某种情感连接和记忆功能的。很多时候，吃不仅仅满足了我们生理上的需要，更多满足了我们无意识的情感需要。如果没有主动去体验那些情绪，经常无意识地通过吃来感受情绪，那结果就是我们很难管理好自己的身材。

不完整的情绪体验过程有一些是我们缺乏主动和意识化体验的部分。比如，有些孩子挑食，在某种程度上，孩子在偏爱的食品上固着了一些想要沉浸的情绪体验。通常，当我们帮助孩子一起面对和体会享用喜爱的食品的感觉，意识化这个食品带来的特殊意义的情绪体验和感受，主动体验这些情绪和感受，挑食的现象就会大大缓解。

作为人类，我们是需要体验情绪的。我们常常无意识地被动体验了一些情绪和感受，那我们就需要慢慢了解和体会自己，到底重

第 12 章 体验情绪

复体验了哪些情绪体验。试着变被动为主动，主动选择重复体会我们需要的情绪体验。

有一年，我和两个好朋友一起去广东梅州的一个公园玩。我们爬上山顶之后，发现山顶上有一个娱乐项目。参与的每个人都穿着紧身的防护服，独立置身于一个密闭的封舱内。封舱悬挂在索道的钢丝绳上，可以在两座山之间滑行。我决定体验下这个项目，可是当我穿上防护服，一个人独立置身于狭小、密闭的封舱内时，我突然感到无比的害怕和紧张，我非常后悔地跟教练说："我要下去，我不想体验这个项目了。"可是教练没有说话，很严肃地把舱门关好，用力一推，我当时已经紧张到不知道之后发生了什么。我无比恐惧，闭着眼睛，禁不住大声喊叫。当我的喊声停止的时候，我试着慢慢睁开眼睛，封舱载着我在空中滑行，我看到了蓝蓝的天空、美丽的白云，还有挺拔的高山，景色非常美。

有了那次活动的体验之后，我总是会冒出想要重新体验这个娱乐项目的冲动。我慢慢地问自己，我需要通过这个活动重复怎样的情绪体验呢？我爱上了什么感觉？

当我开始这样问自己的时候，我想起了小学三年级的时候，跟一个小伙伴去家乡的城墙上玩耍的经历。小时候父母管得严，我们瞒着大人爬上了城墙。我忘记当时发生了什么，我和小伙伴一同在城墙上往下看，一不小心身体就倒下了，然后开始止不住地顺着城墙的坡往下滑。当时吓得一直闭着眼睛，自己"啊啊啊"地喊着，以为自己肯定会死。不知道自己是怎么滚到城墙根的，也不知道自己是怎么醒来的，只记得醒来的那一刻，发现我的小伙伴也在旁边。她吓坏了，但我记得她不断地问我："你是突然控制不住了，是吗？"我当时害怕极了，穿着沾满了土的衣服回到家里，因为害怕大人训斥，努力拍了拍满身是土的衣服。但是那种恐惧和害怕的感觉，却被身体深深地记住了。

如今，和朋友在公园玩索道，唤起了我早年似曾相识的经历，但这次我有了新的体验，我意识到我需要不断地重复这种情绪体验。

于是，我主动去了深圳世界之窗的滑雪场，很快迷上了滑雪场一个非常简单的游戏。滑雪场的坡度很大，人可以坐在轮胎上，从最高处往下滑。我一遍遍地从高处滑下来，不断地重复体会着紧张、恐惧、征服的感觉。这个滑雪场的坡度跟我小时候从城墙上滚下来的场景更为相似。

第 12 章 体验情绪

我通过不断地主动体验这些情绪体验，与自己有了更深入的连接。

情绪体验对很多成年人来说，已构成自我的一个非常重要的部分，所以身体和潜意识都需要情绪体验的自我存在和呈现。如果情绪体验的这部分消失了，自我也就丧失了一个很重要的部分，这也是很多人要一直不断地需要重复、沉浸在某种情绪体验之中的一个重要原因。对某些人来说，重复情绪体验是体验自身活着的一种重要内容和方式。

一对夫妻因为家暴来找我做治疗（经过夫妻同意分享下面的内容）。我在治疗过程中发现了这对夫妻有一个经常重复的互动模式：丈夫嗜酒，而妻子非常厌恶喝酒。丈夫每次喝酒回家后都会很内疚，然后主动讨好妻子，主动和妻子聊天套近乎。妻子一看到丈夫喝醉的样子就非常生气，他越主动靠近，妻子就越生气，不断用恶语咒骂丈夫。丈夫被激怒之后就会动手打妻子，有时还会把妻子打伤。这对夫妻每个月都会重复上演这样醉酒后打架的剧情。

通过深入的家庭治疗和个体咨询后，我发现这个剧情对丈夫和妻子有着不同的意义：丈夫喝酒后就退行到一个犯了错的孩子，那时候他把妻子投射成了一个理想的妈妈，他觉得做了一件妈妈不喜欢的事情，所以不断地讨好妈妈，想得到妈妈的谅解，可是每次都得不到。他的潜意识就一遍遍地重复上演这个剧情，而这个剧情就是丈夫早年和妈妈关系的写照。他不断地重复体验着这种强烈的内疚、想把妈妈哄开心的渴望，错误地把这种情绪体验当作了对妻子深深的爱。

而这个剧情对妻子的意义是：一旦看到丈夫喝醉的样子，她就特别愤怒，就退行到一个无比愤怒的孩子。以前自己的爸爸就是一个酒鬼，那时候爸爸每次醉酒回家，妈妈都不让爸爸进房间。爸爸害怕妈妈，就会拿她这个女儿撒气。打完了女儿，爸爸总会哭着跟她道歉，说："对不起，我不该打你，我是爱你的！"女儿是想让爸爸打她的，因为只有爸爸打完她之后，她才能感受到爸爸是深爱着自己的。其实，在很多家暴案例中，我们从心理学进行深入的探讨，就会发现被打的人有很多时候是在引诱对方，故意激怒对方，甚至渴望对方打她。虽然她很痛苦，但也体会到了深深的情感连接。

对这对夫妻来说，不断地重复上演强烈情绪体验的剧情的方式维系着他们的生活，他们在痛苦地重复着情绪体验的同时，也在痛

第12章 体验情绪

苦地活着。

很多在家庭中时不时上演的剧情，都是家人内在强烈情绪体验的需要，只要有一个人不想演了，那么家庭剧就会停止。

这对夫妻做了一段时间的治疗，主动体验了他们在相处中强烈的情绪体验，并且主动体验并意识到自己早年生活中痛苦的情绪和感受，两个人都有所改变。有一天，丈夫又忍不住喝了酒，回来又主动和妻子聊天示好，这一次妻子忍住了怒火，跑到了卫生间，不再谩骂丈夫。原来的剧情中断了，他们原来的情绪体验也中断了。双方突然都觉得心里好慌张，生活很空虚，突然发现这么多年一直生活在一种痛苦的情绪和体验的感觉之中。痛苦已是他们自我中非常重要的一部分了，放弃那部分痛苦的自我，就好像自己也走丢了一样。

在既往的生活中，这对夫妻仅仅学习和体验到了有限的方式来体会他们之间的情感连接。不走原来的老路，新的生活又在何方？这对夫妻需要意识化增加新的情绪体验和新的健康的情感连接方式，以建立新的情感自我的部分。

经过一个长期的过程，这对夫妻渐渐地学会了更加主动地沟通，开始看到和接受真实的自己和对方。

一个心理成熟的人，有能力主动体会更加多元的、丰富的情绪。主动增加新的情绪体验，扩展自己的心理和生活空间，也是人格不断完善的过程。

第 13 章

觉察自己的情绪反应模式

第13章 觉察自己的情绪反应模式

觉察自己的情绪反应模式是为了更了解自己。既不是要挑剔自己，专找自己的毛病来修理自己，也不是为自己的情绪开脱，放纵自己推卸责任。我们需要带着一种观察自己、不评价的心态去面对、体会自己的情绪和感受，摸索出自己的情绪反应的模式和规律。

每个人都有一套属于自己的独特的情绪反应模式，那这些情绪反应模式是怎样形成的呢？

首先，每个婴儿出生后都会有自己独特的情绪反应和表达方式。很多情绪专家通过研究发现，每个人的情绪反应确实具有先天性因素，而后天的成长环境对人们的情绪反应模式的形成更是不可忽视。

人类学习表达情绪的方式最早是从父母或早期抚养人那里直接或间接学到的。有一部分情绪表达方式是父母或早期抚养人有意识教会的，还有一部分则是无意识学到的。

婴儿早期的哭和各种动作很大一部分都是在表达情绪和需求。这个时候的婴儿是需要抚养人高度关注的。我曾在公园里看到一位妈妈把保姆冲好的米糊喂给四个月大的婴儿，婴儿则坐在小推车里，用舌头舔着米糊，发出吧唧嘴的声音，很享受地吃着米糊，时不时还咿咿呀呀地叫两声，有时还咯咯咯地笑。妈妈看着孩子说："你很开心，很满足，是不是呀？"婴儿在吃米糊的过程中，有咯咯笑的行为，身体唤醒的体验在表达和传递着开心。但是这个婴儿还没有学会说话，不能用语言来表达自己的开心，在意识层面上的开心还需要妈妈起到很好的镜映功能（镜映是一个自体心理学名词，简单来说，就是对于孩子心里体验到的所有东西，妈妈或抚养人给予的反应，或者说给予的确认和印证）。妈妈在不断地镜映着孩子的情绪和感受，婴儿也在不断地通过妈妈的反应逐步确认着自己的情绪和感受。

孩子到了幼儿阶段，父母和抚养人就会开始和孩子谈论情绪和感受，例如"你在幼儿园开心吗？"幼儿慢慢意识化学习和体验，并学着表达自己的情绪和感受，例如"谁抢了我的玩具，我很生气""小朋友跟我一起玩捉迷藏的游戏，我很开心""中午睡觉的时候我自己睡在一张小床上，有点胆小，有点想妈妈"……这个时候，幼儿开始会有意识地表达自己的情绪和感受了。如果这些情绪和感

第13章 觉察自己的情绪反应模式

受被允许表达并同时被父母和抚养人听到，孩子慢慢就拥有了意识到自己的情绪和感受并表达自己的情绪和感受的能力。

而很多父母或抚养人经常关注的是孩子在幼儿园学习到了什么知识和技能，很少关注甚至忽视孩子在学校里的情绪和感受，致使孩子慢慢习得压抑和忽视自己的情绪和感受。

父母情绪反应模式的无意识传递，也是我们情绪反应模式形成的一个重要因素。

我参加了三年中美精神分析婴儿观察的项目，有意识地观察早期婴儿的成长过程。有一次，我在小区里看到一位妈妈抱着婴儿在小区里晒太阳。不远处，一个10多岁的男孩儿牵着一条长得很高、看着有些凶猛的狗朝着这位妈妈和婴儿所在的方向走过来。这位妈妈本能地把孩子抱紧了。抱紧是这位妈妈一个无意识的行为动作，源于她感受到了恐惧。婴儿通过妈妈的动作感受到了妈妈无意识传递的紧张和恐惧感。在这个过程中，这位妈妈和怀里的婴儿都在被动体验着恐惧的情绪和紧张的感觉。妈妈在主观上还没有意识到自己的害怕和紧张，她无意识地回避害怕和紧张，孩子是能感受到的。这种害怕和紧张会被身体记住，于是孩子就会在一些似曾相识的场景中表现出紧张和害怕。对此很多父母会有不解、困惑和疑问："这孩子怎么这么胆小？"如果这些紧张和害怕没有充分被意识到或看到，它们就会成为我们自身的一部分，而无意识地表达这些情绪和感受就会成为我们情绪反应模式的一部分。

另外，人们的情绪反应模式往往是从父母、抚养人和孩子成长过程中的重要他人的互动关系中间接学到的。

我认识一个朋友，小时候她妈妈经常歇斯底里地表达自己的感受，经常会和她爸爸扭打、哭闹，偶尔还会把自己关在卫生间，闹着要自杀，用情绪威胁和控制她爸爸，她爸爸就会对这个老婆千哄万哄，有时候还会让她这个女儿来哄妈妈。她对妈妈表达情绪的方式是很不认同、很愤怒的，她发誓自己未来一定不能像妈妈那样。可是当她结婚了，有了自己的孩子，她越来越发现，她在家里与老公表达情绪的模式跟自己的妈妈一模一样。她会时不时地检查老公的微信，她不敢和老公直接表达她的担心。她的担心和痛苦是真实的，甚至是不能自控的。有一次，她真的吃了安眠药，在半清醒的状态下她给十几岁的孩子发了信息，孩子被吓坏了。她的孩子也重复了她早年的命运，重复体验着她早年的恐惧。

第13章 觉察自己的情绪反应模式

父母不能面对的情绪和感受，会以无意识的方式一代代传递下去。如果无法直接面对，主动承担，那这些痛苦和感受就会一直延续下去，这也是代际创伤传递的一种普遍方式。

有时候家庭的禁忌和回避的问题也会演变成家庭无意识的情绪氛围，成员会不断地被一些无意识情绪氛围所笼罩。渐渐地，应对这些情绪氛围的部分，也构成了自身情绪反应模式的一部分。

我一个朋友八岁时，她的姑姑自杀身亡。爷爷奶奶知道自己的女儿自杀后，一时难以接受，长时间沉浸在痛苦的情绪中。为了避免过于伤心，家人极少提及姑姑，但姑姑自杀这个信息邻居并不知情。每逢邻居问起，爷爷奶奶就撒谎说姑姑在国外，不方便回来。但是姑姑自杀的消息就像阴霾一样一直笼罩着全家人，总让人有一种不能言说的憋闷、悲伤、愤怒、哀伤的气息，这种无意识的气息让我的朋友很害怕。后来她自己成了家，一谈到自杀或死亡话题，她就会失眠，有时甚至出现呼吸困难。家庭里不能面对的议题，就这样成了家庭成员的情绪反应模式。

还有一些人会形成与父母完全相反的情绪反应模式，心理学上称为反向认同。完全一样和完全不一样，本质上都是一样的。

个人情绪反应模式中有一个重要部分，即在生命中经历的创伤部分。很多心理学家说过，脾气大的人都是经历过创伤的人。心理创伤关注的并不是具体事件，而是更关注事件对个体的心理影响。每个人在成长过程中都会经历各种创伤。

前面重点讲了情绪反应模式的形成过程和重要因素，那我们该如何觉察和体验自己的情绪反应模式呢？

第一，不间断地去理解和体验自己的情绪和感受。

第二，慢慢体会当下的感觉是不是经常发生？让你想起了过往哪些类似的经历？

第三，如果以前一直都没有过如此强烈的情绪和感受，那不妨先停下来体会当下。

第四，观察自己，什么样的场景容易让自己发火？什么样的语言、语气让自己不舒服？什么样的人让自己无法忍受？

第五，接受别人的反馈。有时候我们需要一面真实的镜子，因为我们经常看不到、感受不到自己。当然，找一个专业的心理咨询

第13章 觉察自己的情绪反应模式

师也是一个不错的选择。

我们的情绪和感受，很大一部分源于对父母及早年的抚养人的认同，还有我们过去的经历，以及创伤的体验。

看到这里，你想起了些什么？我现在邀请你，慢慢和自己待一会儿。

第 14 章

识别无意识表达的情绪

第14章 识别无意识表达的情绪

我们要想学会与情绪相处,就需要了解我们的情绪是以怎样的方式存在的。其实,识别情绪并不是一件简单的事情,因为情绪经常会以无意识的方式呈现。

我一个朋友的妈妈原来是一个北京的知青,在下乡之后就嫁人了,生了三个女孩。当时村子里男尊女卑的思想还比较严重,她老公也有点大男子主义,在家里什么家务都不干。而她性格非常好,在家里什么家务都干,还特别耐心地照顾公婆。我年轻的时候,经常会和几个朋友到她家里吃饭,她妈妈也非常热心地款待我们,什么都不让我们做,所以我对她妈妈的印象特别好。前年我和朋友见了面,并随口问及她妈妈的近况。她说她妈妈生病了,脑出血致半身不遂,于是我决定探望一下。去了之后,我大为吃惊。现在她妈妈坐在轮椅上,她爸爸每天都要推着轮椅陪她妈妈晒太阳。而她爸爸也开始做家务了,而且妈妈生病后性格大变,会时不时地对着她爸爸大吼大叫。他们之间的关系出现了大反转。

我认为朋友妈妈半身不遂的症状是一种情绪长期积累压抑的无意识的表达。自从她嫁进门就一直操劳着，照顾一家人的背后，是有很多心酸和不容易的，有很多情绪是她压抑着不敢或不愿表达出来的，生病也就成了她表达这些复杂情绪和感受的一种方式。当真的生病后，她的性格大变，她才敢通过大吼来表达愤怒。这种愤怒，不仅是对现状的愤怒，更是对过去那些年很多真实的情绪都没被自己和他人识别出来的愤怒，她用她的好性格维持了自己在这个家庭的位置。

生活中有很多人的情绪都是用症状来无意识地表达的。举个最简单的例子，有些孩子害怕考试，一考试就生病，正是因为孩子不能直接面对和表达对考试的恐惧、害怕等情绪，只能通过症状扭曲地表达出来。这些症状容易被自己和他人接受，但这些情绪和感受却很难。

除了症状，我们很多时候都是用无意识的行为来表达情绪的。有一次，我在饭店遇到了前同事，前同事很热情地把我介绍给她老公，还提到了我的情绪体验觉察小组。她老公对我说："许老师，我的心理可健康了，但我妈太情绪化了。有时候看她哭得稀里哗啦的，我几乎没有感觉。她还很容易生气，但我会觉得有什么可生气

第14章 识别无意识表达的情绪

的，换个方式不就解决了。许老师，您说我怎么做才能让我妈舒服点儿呀？"正说着，他的电话就响了，他随口说了句"说曹操，曹操就到了"后就接起了电话。我注意到，在接电话的过程中，他很仪式化地提高了嗓门，有意把说话的语气放得慢而低沉，他的声音、语气、语调等行为都在表达着自己的情绪和感受，并不像他所说的那样，对母亲的话完全没感觉。我想，不是说他没有感觉、没有情绪，而是他不愿意接受自己对母亲有厌恶、烦躁的情绪，一旦他真的接受了自己有这样的情绪和感受之后，往往会生出内疚的情绪。

通过体会症状、观察行为来识别情绪和感受本来就不太容易，更何况很多时候在我们所呈现的情绪背后，还隐藏着我们不愿意面对的其他情绪和感受。

有一天我搭出租车，路途有点远，就跟司机闲聊深圳这么多年的生活和变化。司机讲话非常平和，突然后面有人要超车，正好我们也要拐弯，司机来了个急刹车，我坐在旁边也被吓了一跳。不曾想，这个出租车司机温文尔雅的脸马上变了，在车里不停地大吼，还开窗大骂。我坐在副驾驶位，他的表情看得一清二楚。显然他很愤怒，被无边的愤怒包围了。那一刻，他只有愤怒，愤怒是他，他就是愤怒。难道他的情绪只有愤怒吗？在他砸了一下手机之后，我发现他的手在颤抖。我对他说："吓死了，吓死了。"他说："可不是吗，真是被吓死了。"我发现，当我说出来我被吓坏了的时候，他变得平静了："真是吓死了啊，太可怕了，要不是踩了刹车，后果不敢想象。"

这个司机愤怒的背后，还隐藏着一种更深的自己不能也不愿面对的恐惧。当我说出了我的恐惧，他的愤怒情绪流动了起来，渐渐消散，他开始有能力感受他的恐惧。

容易愤怒的人背后往往有很多无法面对和意识到的恐惧。前几年流行的电视剧《不要和陌生人说话》中的男主角安嘉和非常容易愤怒，他控制了妻子，不让妻子出门，而且有严重的家暴行为。其实，安嘉和的内心是非常恐惧和害怕被抛弃的，但是他经常表达的、让人们感受到的却是他的愤怒。他表达愤怒的方式通常让周围的人感到恐惧。他自己不能面对内心的恐惧，就用无意识的方式传递给周围的人，而周围的人也认同了他投射出来的恐惧。

讲到这里，也许你会有些困惑，我们经常用身体的症状、无意识的行为、情绪本身来被动表达我们的情绪，那该如何识别我们的

第 14 章 识别无意识表达的情绪

情绪呢?

首先,我们需要慢下来,停一停,体会和感受一下。这并不是一件简单的事情。

我自己开设情绪体验觉察小组的时候,曾经给小组成员留过一个课后作业。这个作业是需要每天去做的,那就是每天在 20:00~22:00 之间拿出 15 分钟的时间停下来,想一想今天都发生了什么,体会一下自己的情绪和感受,用 5~8 个词来描述自己当下的情绪。我们小组每期 12 课,每周一课,再加上中间会有假期,大概每期都会历时 100 天左右,让每个人在 100 天内养成习惯。结果,这么多期下来,几乎没有人能坚持下来。所以,让我们每天拿出时间来感受自己的情绪,真的是一件很困难的事情。但是,不管有多困难,我们还是要坚持面对、体会情绪和感受,因为情绪是我们自身非常重要的一部分,需要我们关注和重视它,就像关注我们身体的其他部分一样。

其次,我们可以观察、注意自己身体的变化,如通过饮食、睡眠、生活习惯的变化来发现我们未意识到的情绪和感受。

我有一个朋友,她的睡眠一直都很好,上周有一个晚上突然失眠了。不但睡不着觉，而且浑身发冷，还总是要小便。白天还好好的，晚上突然浑身发冷，她甚至怀疑自己是不是感染了新冠病毒。折腾了一个小时之后，她发觉有点奇怪。因为她了解自己，自己紧张害怕的时候容易不停地小便，她就很耐心地告诉自己：我知道我有些紧张和害怕，那我为什么会紧张害怕呢？当她开始这样问自己，并意识到了自己此时有些紧张害怕的情绪之后，那种情绪就开始缓解了，之后慢慢就睡着了。

一个星期之后，她突然理解了当晚为什么那么紧张害怕。原来那天她见了一个新客户，但那个客户说话的声音让她感到很熟悉，她却想不起来那个客户像谁。后来她才想起，那个声音像极了她的一个亲人，这个亲人在她五岁时就喝农药自杀了，当时的她是非常害怕的。

很多时候，我们与现实事件的反应连接是需要一定时间的。我们的身体记住了早年的很多经历和体验，当现实触碰了曾经的过往时，往往是身体和情绪先行，而我们的意识常常处于休眠状态。

再次，保持对自己温和的好奇和抱持之心。细心地观察我们的行为，以及身体需求的变化。有时候我们会发现自己突然吃东西很快、很多，或是不想吃东西，这些都有可能跟我们的情绪有关。

小刘，38岁，单身，生活在深圳，平时工作干练豁达。虽然是单身，但也把生活打理得丰富多彩。清明节前几天，小刘晚上总是感觉很饿，想吃东西。刚开始只吃几块饼干，后来发现还是饿，于是叫了丰盛的外卖，可是吃下去还是感觉肚子里空空的，这种空似乎拿食物怎么填也填不满。小刘开始停下来体会自己的身体，到底是肚子里空，还是心里空。慢慢停下来之后，一种很深的抑郁和悲伤情绪从心底里冒出来，她体会到了一种心痛的感觉。小刘的父亲是在自己12岁时出车祸意外身亡的，那天正好是清明节前夕。当时，小刘被通知到医院急救室去看父亲，父亲已经停止了呼吸，就这样突然从她的世界里消失了。小刘非常伤心，但是看到母亲伤心的样子，她立刻振作起来，哭着告诉母亲"妈妈，还有我"……夜深人静的时刻，小刘想起了伤心的往事，而她的身体也在提示她，要面对她内心的难过和悲伤了。

读到此刻的你，有什么特别的感受和体会吗？

第 15 章

意识化表达情绪

第15章　意识化表达情绪

前面我们讲到的都是无意识地表达我们的情绪，这里我们开始讲意识化表达。意识化表达情绪的前提是，我们体验、感受、看到了我们的情绪，简单来说，就是我们知道自己怎么了。精神分析的一个精髓是将潜意识意识化，而我们意识到的自己潜意识的部分常常只是冰山一角。同样，我们了解自己情绪和感受的维度很多时候也仅仅是冰山一角。这是一个长期的、持续的、不间断的过程。

在日常生活中，我们可以通过不断地关注自己身体的变化，有意识地意识化自己的情绪。

我有一个朋友最近发现近一个月一到晚上10点就感觉特别困、特别累。怎么突然就老了，体力不支了？有天早上，他特意早点起床，仔细想了想这一个月来自己的变化。一个月前老公的公司搬家了，不能搭老公的顺风车上班，于是开始自己开车上下班。尽管拿到驾照已经很多年了，但是自己上路的机会很少，现在必须自己独自上路了，她还是很紧张的。当她意识到自己的紧张感时，她便跟家人说起了自己开车时的感觉，她的紧张感就开始流动了。过了一个星期，她的症状慢慢消失了。

我的朋友首先意识到的是困和累，慢慢地通过停下来关注自己，发现累的原因是因为开车时的紧张情绪，这种情绪是非常消耗体能的。

有时候情绪已经以隐秘的方式存在很久了，我们在被动地与它相处。意识化自己的情绪，需要我们主动去关注自己、观察自己的各种变化。很多身体上的变化往往和情绪息息相关。

意识化表达情绪是一个过程，表达的过程也是逐步意识化的过程，我们可以从表达当下感觉到的情绪和感受开始。

在一期情绪体验觉察小组活动快结束的时候，很多成员仍意犹未尽："活动这么快就要结束了，我有很多不舍呢！有很多东西我还没有学到呢！""很喜欢听老师最后的总结和反馈，希望老师多说一些。""我看到有几个成员没来，觉得有点遗憾。"我现场回馈他们说："你们在表达着对小组快要结束的不舍，同时你们也在用这样的方式表达着对小组、对成员、对我的失望，而这种失望很难用语言直接说出来。"成员们都不断地点头。他们通过表达当下的

第15章 意识化表达情绪

真实想法和感受，在小组活动中逐步清晰地体会自己更深的没有意识到或者意识到却不能说出口的情绪和感受。失望也是真实的情绪，而我们不愿体会失望。人类特别贪恋让我们觉得好的情绪和感受，却经常被动体验着让我们不舒服的情绪和感受。去主动体会那些我们不想面对的、不想体会的情绪和感受吧！去承受这些情绪和感受，而不是忍受，我们才可以意识化地表达出来。

有时候我们在关系里说出自己真实的情绪和感受是很困难的。

我有一个亲戚，她是一个孩子的妈妈，出生于农村。上学时成绩很好，毕业后事业也很成功。她非常在意孩子的学习成绩，每次孩子考试，她比孩子还紧张。同时，她学习过很多心理学知识，她知道不能给孩子压力。在孩子考试结束的时候，她故意不问孩子成绩，当孩子主动告诉她考试成绩的时候，她甚至装作若无其事的样子，可是无意识的紧张情绪还是传递给了孩子。有一天，她无意中看到孩子的日记，上面写着：妈妈很在意我的学习成绩，每次我没有考好的时候，妈妈都装作若无其事地鼓励我。昨天我看到她说没关系的时候，我强压着一口气。我当时特别愤怒："你别装了，还不如骂我一顿让我觉得更舒服。"

真实的情绪是隐藏不住的，我们总以为只要自己不说，其他人就不会知道，体会不到我们真实的情绪和感受。我们的每一个细胞都在表达着自己的情绪和感受，大脑却经常采取掩耳盗铃的方式对待真实的情绪和感受，要做到身心合一是相当困难的一件事情。

那该怎么办呢？

从表达当前的情绪和感受开始，只针对当前发生的事情，只是单纯地说出感受，并不是针对某一个人。

这个孩子的妈妈看了孩子的日记后，如果对孩子这样说："妈妈真的很在意你的成绩，你考不好的时候妈妈确实有些失望，妈妈确实希望你考上更好的大学，但是妈妈害怕这会让你更有压力，所以很努力地装作不在意。你考得不好并不真的是你不好。"当你这样表达完，你会发现母女关系变得更真实了。生活中，真实的力量大于完美的力量。

如果我们在关系中很难向其他人说出真实的情绪和感受，可以先试着和自己说一说。

有一个曾参加过我的情绪体验觉察小组的成员说："老师，我

第15章 意识化表达情绪

现在越来越能意识到对妈妈的愤怒了，想起小时候她改嫁无情地抛弃了我，现在她每天都在我身边，每当我看到她就想表达对她的愤怒。可是她已经老了，我担心说出对她的愤怒，她会崩溃。可是不说吧，我自己就很难受，所以我现在不知道该怎么面对。现在她一个人生活很孤单，我实在不忍心，现在我只能躲，躲了之后又会内疚。"的确，我们需要面对的是我们内心真实的情绪和感受，我们可以一遍遍地对自己说"我很恨我的妈妈，恨我心里的那个妈妈"。我们需要平心静气面对的是我们曾经受伤的感觉和感受。我们往往期待对方能回应这些情绪和感受，期待对方能听到和收到我们内心委屈和愤怒的声音。此时，也许我们需要意识化的是，我们可能永远都得不到我们期待的回应，我们会很悲伤、难过。

在面对我们自己的情绪和感受的时候，我们可能会出现内疚，或者我们就不应该有这样的情绪和感受的想法。

A先生曾参加过我的情绪体验觉察小组。在小组的一次活动中，A先生睡着了。我发现A先生睡着的时候，正是B女士声泪俱下地抱怨自己先生的时候。我说："当B女士说话的时候，A先生睡着了。"A先生停顿了一下，说道："我知道我为什么睡着了，当我听到B女士在抱怨自己先生的时候，我感到身体特别压抑，有点呼吸困难。这让我想起了小时候，我妈妈经常在我面前抱怨我爸爸的场景……"我问："你是什么感受？"A先生回答道："烦躁、厌恶、害怕……"A先生停顿了好一会儿，突然低下了头。A先生后来告诉我们，那次活动结束后，他感觉非常难受，有一种心慌和内疚的感觉。对一心付出的母亲有烦躁、厌恶的感觉，这让他感觉非常自责！

这是我们不敢面对自己真实情绪和感受的一个重要原因。我们不允许我们内心对自己的至亲有这样的负面情绪和感受，但这些情绪和感受又是真实存在的。我们需要尊重和关注这些真实的情绪和感受，这跟我们对父母的爱是不矛盾的。

在对待情绪和感受的过程中，我们需要放下一个根深蒂固的观念，把"你这样让我不舒服了"改成"当你这个样子的时候，我体会到了一些不舒服的感觉"。我们无法改变别人，我们要面对和承受的是，当别人不是我们期待的样子时，我们自己真实的情绪和感受。我们要对自己的情绪和感受负责，并将其不断地意识化。

我们可以主动做些自己热爱的事情，艺术化表达自己的情绪和感受。意识化地主动选择表达情绪和感受，与无意识的情绪和感受是完全不同的,如画画、写作、弹琴、跳舞等,前提是我们可以找到自己热衷和喜爱的活动,并主动体会表达我们的情绪和感受,因为艺术可以让情绪以升华的方式自由表达。

第 16 章

意识化内在的情绪剧本

第16章 意识化内在的情绪剧本

我们早年的成长经历、创伤的体验都会逐步在我们内心形成一部或多部内在的情绪剧本，我们需要不断地意识化我们的情绪剧本，看到、体会、理解我们内心构建的剧本在我们内心上演的情形。在现实生活中，我们也经常诱导别人出演我们内心需要的角色，配合我们上演情绪大戏。

我有一位做过长程心理咨询的朋友，因在咨询中获益良多，经常在很多公开场合分享她的咨询经历。她每天下班后特别想跟老公聊天，可每次吃完饭她一主动找老公聊天，老公就马上出去打麻将。她发现，如果她不主动找老公聊天，他就会在书房看书。她心想：他是不是嫌弃我，就是不想和我待在一起呢？

一开始，她想把自己变得更好，学美容、学厨艺，等等，目的就是想博得老公的关注。可她慢慢发现，无论自己如何努力，都是徒劳的。她越发觉得挫败，也就越来越愤怒。她开始更激烈地抱怨、发火，不允许老公出去打麻将，去老公打麻将的现场闹，或者是等老公打完麻将回来后跟他吵架。

她追得越紧，老公逃得越快，于是在他们生活中就上演了一部夫妻间典型的追逃式剧本。

后来她开始寻求专业心理咨询师的帮助。随着咨询的深入，她谈到了她的成长经历。她是母亲意外怀孕生的孩子，在家里排行老五，哥哥姐姐都比她大很多。小时候，她考了100分，拿了奖状，她很开心地回家，急切想跟家里人分享。可是爸妈年龄大了，不怎么在意，哥哥姐姐看到她拿回成绩单和奖状，不但没有表扬她，还嫌弃地跟她说："一边玩去，瞎炫耀什么呀！"从小她就很孤单，她特别想找个人陪她聊天，听她分享她在学校的故事。与丈夫谈恋爱，就是因为他愿意听她讲话。她幻想着，结婚后每天下班回家都能跟丈夫聊天，是她觉得最幸福最浪漫的事情。可是结了婚后，丈夫并不能满足她的愿望。她开始极度失望。

而当丈夫不能满足她甚至拒绝她的时候，她非常伤心和挫败，她的内在情绪剧本就开始上演：他嫌弃我，我不够好，那我就学美容、学厨艺，讨好丈夫。当她发现怎么做都无济于事的时候，她就开始变得愤怒，然后不受控制地发泄她的情绪。

在成人的内心世界里都有一部或多部内在的心理剧本，大部分

第 16 章 意识化内在的情绪剧本

都来源于早年的生活经历。这位女士和老公的互动就在重复着她早年的心理剧本。主动聊天，被拒绝，被嫌弃，被抛弃，然后开始讨好；讨好不成，关系破裂。她不断地诱导她的老公出演早年她内心剧本的角色，体会着她早年复杂的情绪体验。她在无意识深处不断地重复，也期待着重新修复早年的体验，既渴望获得新的情绪体验，又怀疑有新的情绪体验。不断的体验和周而复始的循环构成了这位女士痛苦的家庭生活的一部分。

心理咨询师发现她老公也在重复着内在情绪剧本。早年爸妈感情不好，妈妈有什么事情都跟幼小的他说，所以他最害怕一回家妈妈就拉着他说话。早年和妻子恋爱的时候，他的感觉是轻松的。结了婚之后，每天工作很忙，回到家特别想自己待一会儿，让自己能够轻松地不被干扰是他结婚时对家的憧憬。

一旦妻子回来要拉着他说话，他内在的情绪剧本就开始上演，内心烦躁、恐惧的情绪就会被激活。于是，他选择躲在书房里看书或者出去打麻将。

在亲密关系里，双方一旦发生冲突，甚至冲突不断，都会激活我们内在的情绪剧本，被彼此的情绪缠绕着，并且交互影响着。

那该怎么办呢？首先，我们看到了我们自己在关系中真实的样子，需要意识化我们在关系里的重复，体会这些情绪和感受。在面对自己的情绪和感受的时候，就给关系提供了一个新的空间。

当这位女士不再拉着先生和她聊天，允许丈夫回来到书房看书，甚至出去打麻将，丈夫慢慢地就会和她主动聊天了。

这位女士在看到内在情绪剧本在自己的家庭重演后，可以平心静气地跟先生说："我想和你聊聊，只想让你听我说说话。"丈夫开始放下压力，因为他担心和害怕聊天过程中自己不是被指责，就是被埋怨，心中满满的无助感。同时，当丈夫真的因为忙不能陪妻子说话的时候，妻子就中断了她原有的内在情绪剧本。她看到的客观事实是丈夫太累了，没有精力陪自己，不是因为自己不够好而被嫌弃。

这位女士渐渐地开始体会到自己对丈夫的怨气和埋怨中夹杂着很多委屈，这种委屈来源于早年跟哥哥姐姐的互动。而当丈夫可以停下来倾听她，或在不能陪她的时候可以平心静气地告诉她"我现在做不到"的时候，也给她带来了一些新的情绪体验，这在心理学专业上叫作"矫正性情绪体验"。

当然，这是一个长期的过程。收回让对方满足自己的期望，诚实地面对自己，体会自己的情绪和感受是一个非常痛苦的过程。

没有理想化的关系，就从当前的关系开始。尝试在关系里建立一个可以涵容情绪的空间，不带攻击和指责地跟对方沟通和交流自己的情绪和感受。如果做不到，那就先体会自己的抱怨和指责，先放下和对方交流的渴望，停一停，体会自己对关系和对方的失望。如果自己可以做到了，但对方拒绝沟通，我们仍旧要先停下来，尊重对方。

有时候，我们在无意识中上演内在剧本的动力太强，时不时就会跳入固有的模式中，沉浸在我们固有的情绪和感受中，不管对方如何反应，我们的内心就是沉溺于原有的剧本之中。有个笑话，一个女人经常问男人"你爱我吗"。问了一遍，对方回答"爱"，再问一遍，对方仍旧回答"爱"。她还不能确信，然后一遍遍地问，一遍遍地确认，最后问得男人烦了，对方回答说"不爱"，然后女人失望离开了。一万次回答"爱"，她不相信，一次回答"不爱"的回答，她就信了。因为在这个女人的内心里，匮乏和不被爱的感觉根深蒂固，无论别人做什么，她都感受不到爱。很多时候我们也像这个女人一样，我们内心充斥着我们的感觉，让我们体会不到和看不到客观的现实。我们活在我们想象的痛苦世界中，逼着对方上演过去的老剧情，因为旧有的模式太熟悉，而过去的情绪体验让我们痛苦又着迷。

我们理解了关系中那些激活我们的感受的行为，我们才能看到对方真实的样子。好的关系并不是完美的关系，它也并不是时时刻刻都能涵容我们的情绪和感受，每个人都需要主动保护维持关系涵容的功能。让关系承载和面对更多的真实，有更多的接纳和放松、更少的想象和投射。所以，我们需要主动、不断地澄清对方的情绪和感受，而不是一味地认为对方就是我们想象的样子。对方不是我们希望的样子，也不是我们想象的样子。

我们早年重要的关系，也会内化成我们与自己的关系。有时候，我们也经常跟自己较劲，沉溺在痛苦、难受的情绪和感受中不能自拔。

阿茹是一位40岁单身女性，工作非常努力，得到了领导的认可和好评。但阿茹对自己十分不满，无论在生活还是工作中，都不允许自己出一点差错。不管出现什么样的问题，她都会非常苛责地怨恨自己，晚上焦虑到失眠。一年前，阿茹因为工作上的一个小差错导致失眠，严重影响了工作效率。单位领导劝阿茹去做心理咨询，阿茹听从了建议。

心理咨询师和阿茹开始一起回顾阿茹的成长经历。阿茹的妈妈是一名中学教师，从小对阿茹的要求十分严格，阿茹非常听话懂事，学习成绩一直名列前茅，妈妈很为阿茹骄傲。三年级的一次数学考试，阿茹因马虎看错了题目，被扣了10分。妈妈得知情况后非常生气，罚阿茹抄写了三个月的数学书，每天都会数落阿茹。从此，每逢考试前，妈妈都会不断地叮嘱阿茹要审对题目再答，不要粗心马虎。阿茹每次听到妈妈这样说，心里都会烦躁不安，反而更紧张了，但是她不敢说什么，因为她也害怕自己真的粗心。她总是及时回应妈妈："妈妈，我知道了，你别说了。"她心里一直在想：我将来一定不能像你这样。

现在妈妈已去世两年多了，而那个百般叮咛、不断唠叨的妈妈早已住进了阿茹的心里。当阿茹犯错误的时候，她就会出来指责阿茹，而那个紧张的、委屈的、难过的内在小孩也在那里，如此就形成了阿茹内心的冲突。

我们很多时候会愤怒和反感别人对待我们的方式，但我们却学会了拿别人对待我们的方式来对待我们自己。阿茹就是这样，当她犯一点小错的时候，内心多希望有一个人能包容自己，告诉自己"别紧张，你就是犯了一点小错，下次注意就好了"。但是，她自己不能这样对待自己，她无意识地认同了妈妈对待自己的方式并以此来对待自己。阿茹的内心在重复着自己与妈妈的情绪互动剧本。

在生活中，我们要意识化内在的情绪剧本，不断地去体会、理解这些情绪和感受，慢慢松动我们固化的情绪表达方式。

此刻的你，对自己内在的情绪剧本有没有一些联想和感受呢？可以写出来，也可以告诉你周围可以信任的人。

第 17 章

停下来还原情绪现场

第17章 停下来还原情绪现场

看到这里的你,也许还会觉得自己有时候还是会控制不住生气、发怒,有些事情过去了很久,现在回忆起来还是会有一些不同寻常的情绪和感受。那我们该如何对待这些情绪和感受呢?

我想说的是,每个人都可能有情绪过激的反应。比如,因为某件事失控发怒了,或者有件事情过去了,回忆时总有些不舒服的情绪,或者为今天听到别人说的一句话一直耿耿于怀。

这个时候我们就可以专门找个时间停下来,在心里慢慢还原情绪现场,试着抽出约半小时的时间,自己独立坐在房间里或者躺在床上,像放电影一样,回忆一下现场的场景。我把这个方法称为还原情绪现场,陪伴一下自己的情绪和感受。同时,我们可以先问问自己:现实发生了什么?我的心理活动有怎样的变化?我的情绪有怎样的触动?

我一个朋友告诉我她最近总有想要辞职的冲动。据我了解,她在这家单位干了快20年了。我问她,发生什么事情?是有什么不舒服吗？为什么这么突然想辞职？她还没来得及回答我，我们的通话就因为其他事情中断了。

因为大家都挺忙，我也把这件事情忘了。过了几天，我突然又想起这件事情的时候就打电话问她。她说我们通话的当天晚上，她自己一个人静静地躺在床上，想到我电话中问她的问题，她开始还原情绪现场，回忆三周前的一个工作场景：

我在单位是中层管理者，一个月前，上司让我下发一周后的现场会议通知，特别强调不要迟到。我发了书面通知之后，特意还给每个需要参会的分公司的同事打了电话强调。结果会议当天，分公司的同事都提前到达了会议室，而我的上司却没到。焦急地等待了10分钟后，上司仍然没到。我很担心我的同事埋怨我："你看你要求我们不迟到，结果我们这么早来了，会议还不能准时开始……"我很紧张，也有些烦躁。15分钟后，上司终于来了，我内心有很多复杂的感觉，冲着上司笑着说："领导，您迟到了。"而领导的反应却解释道："我今天从家里出来的时候，电梯突然坏了。"我当时的反应有点懵，我感觉无比尴尬。领导接下来笑笑说："你好像在挑我的毛病，是不是觉得这么多年终于抓到我的小辫子了？"会议结束后，这件事情就这样过去了，领导和我都还没再提这件事。但

第17章 停下来还原情绪现场

经历了这件事后,我总觉得很别扭,我和这个领导共事了很多年,很少发生过分歧,最近因为这件事情让我很尴尬,特别不舒服,一想到上班就很消极。

当我停下来再次想起这件事后,我特意想了想当时我的感觉其实是很着急、很慌乱的。领导没到的时候,我很担心和害怕,怕同事们埋怨我,还有一些烦躁和紧张,因为这么多年来,这位领导确实很少迟到。当我看到领导到来的时候,我心里在呐喊:"谢天谢地,你可来了!"领导就应该准时到,没准时到,我是有些失望的,但是在会议这个公众场合,我要压下我的惊慌。当我说出"领导,您迟到了",可我真的不是抓领导的小辫子呀,我是用笑来隐藏了我的紧张和惊慌。当然了,我对领导的迟到确实有些不满,而领导认为,我看到她迟到,我很得意,其实我一点儿也不得意。我为领导这么想而委屈,也为领导不信任我而难过。

有很多时候,我们自己也不知道怎么了,就突然觉得很不舒服,但这种不舒服说不清道不明。我们可以试着停下来,跟这些说不清的情绪和感受待在一起。慢慢体会它,你会发现,这些情绪和感受逐渐就会发生变化。

有时候，这些情绪和感受也是一种我们内心不想面对的抗拒，因为体会这些感受，有时候会让我们更加痛苦。还原情绪现场，需要我们先体会这些堵塞了的情绪和感受。

在上面的案例中，我那个朋友当时为什么笑呢？她很紧张，她不能说出对领导的生气，不但不能说，她还要装着不介意，这样她才能对与会的其他同事有交代，不然其他同事会责怪她。她的内心陷入了一种左右为难的状态中，致使自己僵在那里。

我们通过停下来还原情绪现场，更加清晰地理解了自己当时的处境和状态，只有当我们理解了我们的状态，我们才有能力看到别人。

其实有时候，我们经常会用强有力的情绪，来对抗自己内心的脆弱。我们只有先理解了自己，才能看到别人，才能开始理解别人。

很多时候，我们的情绪和感受被堵住了，导致我们沉浸在自己固有的情绪世界中，从而阻止了我们看到事情的真相。

通过还原情绪现场，停下来慢慢跟这些堵住的感觉待在一起，

第17章 停下来还原情绪现场

渐渐地就会理解这些情绪和感受了。

有时，当我们面对这些堵住的感觉时，也有可能会让我们感到从未有过的、甚至无法控制的愤怒、生气、纠结，因为原来的情绪和感受，一直被我们无意识地封存。当我们面对它的时候，这些情绪和感受会更真实、更痛苦、更直接，比如，拿起电话找当事人说清楚，无论是什么时候，马上行动。这个时候更需要我们停下来，跟这些感觉待在一起，而不是拿起电话或发个微信，把对方大骂一顿。

你可以把给对方要说的话，自己慢慢地说出来，如"你气死我了，真想打你""你为什么这样想我、这样误会我""我对你很失望，真的很失望"。无论是什么，先把要说的话说出来或者写出来，把要让对方听到的话，先说给自己听。很多时候，我们一遍遍要让他人听到的话，很多时候我们自己都没有用心听。有些女人爱唠叨，一遍遍地重复着，她的话、她的需要往往都没被自己看到和接受。在还原情绪现场的过程中，倾听我们内心的需要，感受我们的情绪和感受，是非常重要的。

当然，如果你控制不住了，真的付诸行动了，做完之后，平静之余，还可以继续停下来还原情绪现场。

当每次因情绪过激表达了你的需求之后，或是在经历了某些事情之后总感觉有些放不下的时候，你不妨冷静下来，自己还原情绪现场。每一次经历和体验，都会是和我们自己内在的各个部分进行深度和解的过程。

在还原情绪现场时，我们也可以试着扮演让你有情绪的对方。我们经常说要感同身受，但往往都只停留在头脑层面，在还原情绪现场时，我们可以试着从体验层面去感受对方。

王女士曾经在我组织的亲子情绪体验沙龙中谈到，当她看到三岁的儿子因为搭积木遇到难关，发狂地把玩具一个个扔到一边的时候，她总是会有怒火。如果强硬地制止儿子，儿子就会满地打滚、号啕大哭。在那次封闭式活动中，我邀请在场的爸爸妈妈们扮演孩子，做出孩子的一个习惯性动作。王女士想到三岁的儿子习惯性地躺在地上的动作，于是她也躺在了活动现场的地板上。在躺了一分钟后，她感到自己非常无助，她看到周边的人是如此高大，她非常紧张和害怕。此时，她多么想让有一个充满温暖的人把她抱起来。她的眼泪唰唰地流了下来。她开始理解三岁的儿子号啕大哭的无助和恐惧。

我们自己在还原情绪现场的过程中，可以试着用对方的口气重复一下对方的话语，或许我们会有一些新的体验和感受。有时候我们沉浸在一些情绪和感受中不能自拔，无意识地、根深蒂固地、强有力地把自己限定在固有的体验模式中。当我们试着给自己换一种身份时，我们的感受和体验也会随之慢慢松动。

不信你可以试试看哦！

第 18 章

让面对情绪和感受成为一种健康的生活方式

第18章 让面对情绪和感受成为一种健康的生活方式

只要我们活着，每天都会有各种各样的情绪呈现，我们也在用情绪适应、体验、感受和回应着万事万物的各种变化。情绪和感受需要我们去重视和关注，需要我们花足够多的精力去关注自己和他人的情绪和感受，每天拿出固定的时间来陪伴自己的情绪和感受，就像我们每天为自己提供一日三餐来照顾我们的肠胃一样。让面对情绪、体验情绪、意识化表达情绪渐渐地成为我们日常生活中非常重要的一部分，成为一种健康的生活习惯和方式。

首先，我们每天可以拿出一个固定的时间和不被打扰的安全的空间来独自陪伴自己的情绪和感受。我们经常说，对一个人的关注和真爱，要看这个人是否真的愿意拿出时间和你在一起。我们对待情绪和感受也是如此，如果我们真的重视我们的情绪和感受，就需要把与此无关的所有的人和事先放在一边，安排适宜的时间和空间和自己在一起。独处是一个成年人非常重要的能力，独立地面对自己的情绪和感受，更需要我们拿出足够的耐心和精力。

那么，我们该如何在一个固定的时间陪伴自己的情绪和感受呢？

首先，如果当天有激烈的情绪或者隐隐感受到有说不出的情绪和感受的时候，你都可以在固定的时间里停下来还原情绪现场。我们在上一章中已经分享了这部分内容。

你每天拿出一个固定的时间陪伴自己的情绪和感受，可以就从体会当下的情绪和感受开始。你可以一个人静静地待一会儿，先感受一下身体的变化，体会一下你的呼吸，意识化地用情绪词来表述自己当下的状态，比如开心、愉悦、生气、难过、悲伤、无助、愤怒、恐惧、无奈……不用刻意地一定要用什么词语来描述当下，如果没有任何词形容，就先和自己待一会儿。有时候脑中会突然跳出一个当天经历的或者是很久以前经历的场景或画面，比如，脑中突然跳出自己早上乘坐地铁，手机上突然弹出的一则关于空难的新闻，还没来得及看信息，地铁到站了，你需要急急忙忙出地铁，赶着去上班。其实，当你看到手机突然弹出信息的时候，是有一些情绪和感受的，因为客观条件迫使我们必须关闭看到这条信息的情绪体验。当闲下来时，我们就可以体会当时我们不能停下来体会的那些情绪和感受了。

第18章 让面对情绪和感受成为一种健康的生活方式

我们可以试着给我们当时没能注意到的情绪起个名字,然后开始跟它对话。比如,我们管白天那个忽视了的情绪起个名字叫"来不及",我们可以发起一段和"来不及"的对话。

我:你好,来不及。这个时候,我才有时间关注你。

来不及:是的,我在你身体里好久了。

我:抱歉,白天真的太忙了。我那个时候没有精力好好对待你,只能把你放一边了。

来不及:我对你有些生气,你经常忽视我。

我:是吗?真的是,我真的忽视你好久了。

来不及:我感到很委屈,你竟然这么不在意我。

我:对不起。我其实很害怕你,因为你来的时候,有很多悲伤难过的强烈情绪。我害怕你的出现,我很恐惧,我有时候真的不知道该怎么面对你。

来不及:哦,是这样呀。我才知道我竟然让你那么害怕,我就

陪你的情绪坐一坐

是感到很委屈，我就是想让你看看我、哄哄我。我只是一个小孩子、一个执拗的小孩子。你觉得我像一只凶猛的恶狼吗？

我：是的，我有时候真的害怕你就是恶狼。你是一个小孩子吗？

来不及：是啊，我就是个小孩子、执拗的小孩子。你总是不看我、忽视我、不想要我、想把我甩掉、想抛弃我，是吗？

我：原来你是个小孩子呀，我总是把你想象成洪水猛兽。

来不及：是啊，我就是一个小孩子，我只是需要你别忘记我，记得每天看看我。

我：好的，我知道了，宝贝儿。我会来看你的。

…………

可以试着写 20 组对话，写完后大声朗读出来，然后体会一下当下的情绪和感受。

我们的情绪是我们自身的一部分。有时候，我们有很多矛盾的

第18章 让面对情绪和感受成为一种健康的生活方式

情绪,那我们就可以给各个矛盾的情绪命个名,对对话。当我们的内心有冲突的时候,很多时候都是我们自己和自己打架。当我们可以和自己的各种情绪对话了,我们与自己的关系就会变得更加和谐,我们和他人的关系才能变得更加和谐。

其次,我们还可以用这个固定的时间停下来书写情绪日记,或画一幅画来表达当下的心情。不要担心画得不好看,我们仅仅是通过画画来描绘当下的心情,随便画。画一幅你此刻就想画的画,不用考虑画的东西符不符合常理,想画就画,完全听从自己的内心和当下的感觉。画完后,再仔细看看你画的这幅画,看看这幅画的布局是否能表达你此刻的心情?如果没有,可以继续画。如果可以了,给这幅画起个名字,写上日期。当然,我们也可以用不同颜色的画笔来表示不同的心情,比如红色表示开心、蓝色表示难过、黑色表示愤怒,等等,还可以用各种颜色和图形画出你当前的情绪状态。

很多情绪有时候就像是我们内心一个或多个没长大的孩子,我们需要用与孩子相处的方式来对待情绪这个孩子,陪它玩耍,是让孩子成长最好的一种方式。我们可以每天抽出固定的时间来陪情绪这个孩子游戏和玩耍。

最后，我们也可以拿一些物品代替情绪这个孩子。如果我们已经明确了自己的情绪是恐惧，而且清楚地知道恐惧对象，我们就可以找一个物品来充当我们的恐惧对象，在和这个能看到的恐惧对象相处中体验掌控感。我们可以先把这个物品放到让我们舒服的位置，体会自己的感受，然后试着再近一点，跟它对话，说出你对它的害怕。一步一步地再靠近一点，慢慢地感受自己内心的变化。最后试着抱起这个物品，也就是抱起让你恐惧的情绪，体会一下自己的感受。

对待我们的情绪和感受，需要我们慢慢理解它，主动给它提供单独的时间和空间，而不是压抑它。

每天抽出固定的时间专门体会情绪和感受，以30分钟为宜。不宜过长，既不能长时间沉浸在无意识的情绪和感受中，又不能完全忽略它。如果30分钟时间没到，可以试着慢慢停下来，体会当下的感觉；如果时间到了，你还有很多情绪和感受，可以试着先和这些情绪和感受说再见，告诉它"今天就到这里了，我明天还会来陪你"，慢慢地我们就学会了适时适度地表达我们的情绪和感受了。

我们需要非常耐心地对待我们的情绪和感受，每天花时间看一

第18章 让面对情绪和感受成为一种健康的生活方式

看自己今天又重复了哪些情绪体验。情绪和感受需要不断地在被体验中得到重新理解和接受，随之会有新的理解和变化。

小芳特别担心和害怕给亲人发信息没有回应，她的父亲就是在小芳五岁时因为车祸突然离开人世的。每次老公晚上很晚回家，如果在回家的路上没有及时回应，她都会很恐慌和害怕。刚结婚的时候，他们总是会因为这样的事情不断争吵，那个时候她体会到的是愤怒，她觉得这么简单的事情对方怎么就那么难做到。慢慢地随着越来越了解自己，小芳开始理解了自己为什么会感到非常害怕和担心。在慢慢理解了自己之后，他们之间的矛盾缓和了很多。有一天，小芳给老公发信息，老公没有回，小芳比之前耐受了很多。但是当老公两个小时后还没有回信息的时候，小芳又开始慌张、愤怒，她心想：这次可能是真的了，老公真的出事了。小芳非常着急、害怕。三个小时后，老公给小芳发了信息，原来老公的手机坏了，正在外面修理，想起小芳有可能会给自己发信息，于是给小芳回了个信息。

虽然小芳意识到了自己有担心和害怕亲人发信息没回应的情绪，也在现实中不断去体验和理解这些情绪和感受，但早年的这些情绪和感受是根深蒂固的，像写入了骨髓一样，并不是我们面对了这些情绪和感受，它们就会消失，但是当我们慢慢开始接受这些情绪和感受后，我们就不再那么拧巴了。

当小芳收到了老公的信息后，她的眼泪也流出来了。她再一次体会到了她的恐惧和害怕，也就是父亲离开时自己的无助。其实，对待死去的父亲，她也是有很多愤怒的。那个时候的她非常生气，甚至非常怨恨父亲"你为什么不能为了我小心一点"，而这些愤怒和怨恨是小芳从小就压抑下来的。父亲死了，自己还要去怪罪他，她觉得自己是大逆不道的。这么多年来，随着小芳内心真正的成长，她开始尊重自己真正的情绪和感受了。她如此深爱着父亲，但是她对父亲的怨恨和愤怒也是真实存在的。当小芳跟自己真实的情绪和感受连接起来后，她内心里的恐惧和不安也就少了很多。

在面对情绪和感受的路上，我们会经历很多挫败。有很多人在停下来深入地面对情绪和感受的时候，常常感到原来不能体会的情绪和感受现在可以体会了，原来不能识别的真相慢慢被发现和揭开了，尽管这往往会让自己更加难过和悲伤。当然，也有很多人刚刚感到了一丝丝不舒服的苗头，就立刻逃开了。还有一些人，因为在生活中感到太多不舒服，压抑了很多情绪和感受，于是向心理咨询师或者朋友诉说，就像开闸泄水一般，让情绪松动了很多。他们体

第18章 让面对情绪和感受成为一种健康的生活方式

会到了正视和体会情绪和感受的好处,往往会更主动、更努力地去面对,更积极地觉察自己的情绪和感受,内心里也会有一个幻想:我体会了这些情绪和感受,跟它们待在一起了,能正视它们了,坚持一段时间,它们一定会消失的。在我们的文化潜意识深处,有一个深刻的认识,那就是苦尽甘来。殊不知,"苦"是永远也不会尽的。

真相是这些情绪感受原来存在,现在依然存在,而且它会永远存在,永远都不会消失,它是我们生命里不容怠慢的常客。

我们需要面对和体会生命中的不舒服,理解不舒服,尊重不舒服的存在,聆听不舒服背后的声音,跟不舒服的体验深入连接,深入地理解和感受自己,让不舒服的情绪和感受流动起来,不再受控于不舒服的情绪和感受体验。只有这样,我们生命的局限性才会拓宽和松动,禁锢开始逐渐解除,生命才会有更多的可能性。

面对体会我们的情绪和感受,是一个长期的过程,就像吃饭一样,吃完会饿,饿了我们还会吃。情绪和感受也是一样的,当我们面对它了,它就会流动,而且会时不时地出现。我们在意识层面有时候接纳了它,但是无意识中总会习惯性地抱有一个期待:慢慢让不舒服的情绪和感受消失，但这些情绪和感受是消失不了的。我们要学会的是，跟这些情绪和感受友好地相处，接收它发出的信号。而面对情绪和感受需要我们终生去体会和践行。

看到这里，我真诚地邀请大家能够走在面对、体会、理解、感受自己和他人的情绪和感受的路上，让面对情绪和感受成为一种健康的生活方式！

后 记

"陪情绪坐一坐"也许并不容易

《陪你的情绪坐一坐》这本书终于即将出版了！这本书成型的过程，也是我持续不断深入面对自己情绪和感受的过程。虽然作为一名专职从事心理咨询超过 12 年的心理咨询师，关注自己和他人的情绪和感受早已深刻内化到了我的生活的各个方面，但是我仍有被情绪困住的时刻。

2023 年 9 月 26 日，我的父亲去世。父亲去世的当晚，我彻夜未眠，整个人处于一种隔离无感的状态。第二天一早，我就乘飞机回到了老家。

父亲的遗体已经送到殡仪馆，看到每个亲戚朋友在父亲的遗像面前祭拜，我竟然一滴眼泪也流不出来。那种没有眼泪的悲伤让我感到格外难过，但是我在人前依然表现得很"正常"。

第三天，是父亲火化的日子，很多亲朋一起到殡仪馆向父亲的遗体做最后的告别。

在上车前，细心的亲戚专门安排了亲人陪在我身边"保护"我，担心我看到父亲的遗体会情绪失控。车程大概有 20 分钟，按照家乡的习俗，要有亲人在车上用语言跟父亲送别，但我当时说不出一句话，听着坐在旁边的嫂子说着"爸，你安心走吧"之类的话，我恍如隔世。

到了殡仪馆的停尸间，看到父亲躺在单架床上时，我告诉自己：这是最后一次见到父亲了！脑子里有一个声音告诉我："安静一会儿，让我和父亲就这样待一会儿，让我站在他的身旁静静地待一会儿。"但殡仪馆的工作人员只允许我们围着父亲的遗体绕场一周，而且不能停留。当我站在父亲身旁原地不动的时候，我的姨父马上挡在了我的面前，他可能担心我情绪失控。但我没有！

这是我跟父亲的最后一面！

没有眼泪，但内心深处有很深的悲伤，这种悲伤被堵住了，无

后　记

从发泄。

我很想哭，但哭不出来。我也怀疑过我自己，为什么我的表现就像一个冷血动物，甚至也担心亲人会如何想我！

在这个时刻，也许迎合集体潜意识深处的情绪失控、哭得撕心裂肺才是父女情深该有的样子，但我只是无感地、呆呆地存在着。我自己也不接受我有这样的情绪表达方式！

然而，那一刻，我就是这个样子！尽管头脑中有太多接受真实的自己、接纳自己的情绪和感受的理论框架，但在那时那刻的情感层面，我痛恨这样的自己！

离开家乡已经快 20 年了，每一次回家都很匆忙。想到父亲生前曾多次劝说我在家多待些日子，而我每次都没能满足他。这一次，我史无前例地在家待了 10 天，每天都会出去逛逛曾无数次穿梭的小路。

这 10 天里，我的心是慌乱的，很不真实。想到我真的此生再也见不到父亲了，就像活在一种幻觉里。

10 天后，我回到了深圳，回到多年来已习惯的生活之中。

第二天晚上，我一个人躺在床上，想起了今年五一回家的情形。我只在家待了三天，离开那天的一早，我有一个视频督导会议要参加，吃完早饭，我告诉父亲，我要上楼开个会。随即走上了二楼的房间，顺手把门反锁。没过几分钟，我就听到有敲门声，我着急地关掉视频开了门。是父亲，我告诉父亲："我刚告诉你了，我这里有事儿，我需要一个半小时，这一个半小时里你不要找我。"父亲很像一个听话懂事的乖孩子，看着我，一字一句认真地重复着："一个半小时，一个半小时……"说完，父亲佝偻着身子，一步一步小心地下了楼。看着父亲的身影，我有些心酸，但我还是关上了门，坚持到督导结束。会议结束后，我准备直接去机场。本想跟父母说几句话告个别，看到父亲和母亲分别在两个卧室睡着了，也就没吱声。我清晰地记得，父亲蜷着身子，侧躺在床上，我能感受到他均匀的呼吸。

而这是我跟父亲生前最后一次见面。想到这里，我泪如雨下！

接下来的几天，我常常一个人坐在家里，想起跟父亲生前许多互动的情形。一个人默默地流泪，有时甚至号啕大哭！

我再一次切身体验到了，体验悲伤需要一个长期的过程，尽管

后 记

我头脑中早就清楚这个道理。

我再一次体验到了自己的情绪反应模式：在重大悲伤面前，我常常表现得很压抑，在众人面前要力图表现得更坚强的防御方式。当我一个人独处的时候，我才会卸下我所有的外壳，安全、大胆地面对我自己的悲伤，让自己的情绪安全地释放出来。

在过去的这些日子里，父亲的音容笑貌时不时地出现在我的工作和生活中。有小时候他给我讲"小马过河"的温馨场景，也有长大后他对我常不回家的哀怨，五味杂陈。父亲虽然走了，他在我内心的形象却更加丰盈而立体了。他的开心与兴奋、他的隐忍与坚持、他的无奈与悲哀，他曾经的勇敢与他常有的退缩，这些情绪与情感也将伴随着我的余生，我也要用余生用心去体验和体会。

陪你的情绪坐一坐，意识层面知道这个方法很容易，但能在体验层面上做到，真的很不容易，因为我们固有的对待情绪的方式太根深蒂固。正如很多人明明知道很多人生哲理，仍过不好自己的人生一样。

在这本书中，我一一呈现了我自己在工作和个人生活中对情绪和感受方面的体悟与分享。书中提到的故事，都是我个人亲身经历和见证朋友的故事，来访者的故事已经被我改写，看不到原形（伦理原则）。写这本书的目的，并不是为了说教，而更多的是想邀请与本书有缘见面的读者，能够借别人的故事与分享，体会自己的情绪和感受，自由联想。暂时停下来，与自己的情绪和感受相遇，陪自己的情绪待一会儿，了解和理解自己，也许你会有一些关于自己的新奇发现。

陪你的情绪坐一坐，虽不容易，哪怕偶有想起的时刻，便是你开始与情绪待在一起的时刻，也是开始与自己建立深入连接的时刻，更是深入了解自己的时刻，它需要我们用一生来体会。也期待有缘的你看到此书，能有一个这样与自己情绪和感受相遇的开始。

写到最后，我要感谢为此书出版给予我帮助的所有人，感谢12年来与我合作的深圳海之梦心理中心的所有领导和同事！更要感谢出版社的编辑和其他工作人员，感谢与你们的相遇！

许新颜
2024年春于深圳福田